120 RECETTES À PARTAGER

Dips et apéros tartines

SOLAR
EDITIONS

SOMMAIRE

CRÈME DE POIVRONS ROUGES AU SÉSAME CROQUANT

POUR 6 PERSONNES • PRÉPARATION : 25 MIN • CUISSON : 37 MIN

6 poivrons rouges + 2 gousses d'ail + 100 g de feta + 120 g de graines de sésame blanc
1 filet de jus de citron + 4 cuil. à soupe d'huile d'olive + 1 pincée de coriandre en poudre
Sel, poivre

❒ Préchauffez le four à 180 °C (th. 6). Enveloppez chaque poivron dans une papillote de papier d'aluminium. Rangez les poivrons sur une plaque et enfournez. Laissez cuire pendant 35 minutes. Retirez les papillotes du four, puis mettez-les dans un sac de type « congélation ». Laissez refroidir pendant 15 minutes. Sortez les poivrons rouges, retirez leur peau, supprimez graines et pédoncules et égouttez bien.

❒ Mettez la chair des poivrons dans le bol d'un mixeur. Ajoutez les gousses d'ail pelées et coupées en quatre, le jus de citron, la coriandre, du sel et du poivre. Mixez jusqu'à obtenir une préparation lisse. Réglez l'appareil sur la vitesse minimale, puis incorporez l'huile d'olive en filet. Versez le mélange obtenu dans une jatte. Émiettez la feta, écrasez-la à la fourchette et incorporez-la à la mousse. Réservez au frais.

❒ Juste avant de servir, faites griller à sec les graines de sésame dans une poêle antiadhésive pendant 2 minutes, en remuant régulièrement. Quand les graines sont bien croquantes, versez-les dans la crème de poivrons et mélangez. Servez immédiatement.

Cette crème de poivrons rouges se déguste à la manière d'une confiture, étalée sur du pain toasté à l'apéritif.

DIP ARTICHAUT-ÉPINARD ET FROMAGE

POUR 12 PERSONNES • PRÉPARATION : 15 MIN • CUISSON : 20 MIN

2 cuil. à soupe de crème fraîche épaisse + 250 g de cheddar orange
250 g de tomme des Pyrénées + 3 cuil. à soupe de parmesan râpé
300 g d'épinards hachés nature (surgelés) + 1 gros paquet de tortillas ou 2 petits
200 g de cœurs d'artichaut en boîte (égouttés) + ½ cuil. à café de piment de Cayenne
Sel, poivre

❒ Décongelez les épinards, essorez-les et épongez l'excédent d'eau avec du papier absorbant. Égouttez, séchez et coupez les cœurs d'artichaut en petits morceaux.

❒ Râpez les fromages. Préchauffez le four à 180 °C (th. 6).

❒ Dans un saladier, mélangez les épinards, les cœurs d'artichaut, les trois fromages, la crème fraîche, une pincée de sel, du poivre et le piment de Cayenne. Répartissez la préparation dans trois petits plats en porcelaine (ou équivalent) et lissez la surface.

❒ Enfournez les petits plats pour 20 minutes ; le fromage doit être complètement fondu.

❒ Laissez refroidir 2 ou 3 minutes à la sortie du four, puis proposez à vos invités de « diper » avec les tortillas.

Variez les fromages : mozzarella, comté, emmental... Il y en a pour tous les goûts !

RAITA DE CONCOMBRE

POUR 4 PERSONNES • PRÉPARATION : 5 MIN

1 gros concombre + 1 cuil. à soupe de jus de citron vert + 1 yaourt brassé
1 pincée de curcuma + 1 pincée de paprika + 1 cuil. à café de garam masala
2 brins de coriandre fraîche + Sel, poivre

❒ Pelez le concombre, puis coupez-le en deux dans la longueur. Videz-le de ses graines à l'aide d'une petite cuillère. Détaillez-le en petits dés, mettez-les dans un saladier.

❒ Ajoutez le yaourt, le jus de citron vert, le curcuma, le paprika et le garam masala. Salez et poivrez. Mélangez bien.

❒ Ciselez la coriandre et incorporez-la au dernier moment, avant de servir.

TARTINES AU FROMAGE BLANC ET À LA CIBOULETTE

POUR 4 TARTINES • PRÉPARATION : 10 MIN

½ botte de ciboulette + 1 petite botte de radis + 400 g de fromage blanc battu
4 tartines de pain très frais + Sel, poivre + Huile d'olive

❒ Lavez et ciselez la ciboulette en conservant quelques brins entiers pour la décoration. Nettoyez et coupez les radis en rondelles.

❒ Dans un bol, assaisonnez le fromage blanc avec la ciboulette ciselée, du poivre et du sel. Mélangez bien et réservez au frais jusqu'au moment de servir.

❒ Étalez très généreusement le fromage blanc sur chaque tartine. Parsemez de rondelles de radis et de brins de ciboulette.

❒ Ajoutez quelques gouttes d'huile d'olive sur les tartines.

TARTINES COMME UNE PIZZA ARTICHAUT ET NOISETTES

POUR 4 TARTINES • PRÉPARATION : 5 MIN • CUISSON : 13 MIN

1 baguette coupée en deux, puis tranchée en deux dans le sens de la longueur
8 cuil. à soupe de tomates concassées + 2 boules de mozzarella coupées en tranches fines
20 cœurs d'artichaut au naturel coupés en quatre + 2 cuil. à soupe de noisettes hachées
Huile de noisette

❒ Préchauffez le four à 200 °C (th. 6-7).

❒ Étalez les tomates concassées sur les tartines, puis déposez les tranches de mozzarella. Enfournez pour 10 minutes.

❒ Répartissez par-dessus les quarts de cœurs d'artichaut et les noisettes hachées, puis passez-les 3 minutes sous un gril brûlant.

❒ Avant de servir, versez quelques gouttes d'huile de noisette.

AVOCADO TOAST, LÉGUMES CROQUANTS ET ŒUFS POCHÉS EXPRESS

POUR 4 TARTINES • PRÉPARATION : 10 MIN • CUISSON : 1 MIN

4 grosses tranches de pain complet ou de campagne + 4 œufs extra-frais + 2 avocats mûrs
Légumes croquants : betterave crue, radis ou carottes selon vos goûts
Le jus de ½ citron + 1 cuil. à soupe d'huile d'olive + ½ cuil. à café de cumin en poudre
½ cuil. à café de curcuma en poudre + Fleur de sel, poivre

❒ Écrasez la chair des avocats à la fourchette, avec le jus de citron, l'huile d'olive, le cumin et le curcuma. Salez, poivrez.

❒ Pelez (pas pour les radis) et émincez très finement les légumes. L'idéal est d'utiliser une mandoline ou l'éminceur du robot.

❒ Toastez le pain. Pochez les œufs. Voici la méthode minute au four à micro-ondes : remplissez un petit ramequin d'un tiers d'eau. Cassez l'œuf dedans. Mettez au four à micro-ondes 30 (puissance 900 w) à 50 secondes (puissance 700 w).

❒ Répartissez la purée d'avocats sur les tranches de pain. Parsemez de lamelles de légumes croquants. Déposez délicatement les œufs pochés avec une cuillère à soupe.

❒ Salez, poivrez.

AÏOLI

POUR 4 PERSONNES • PRÉPARATION : 15 MIN

2 jaunes d'œufs crus + 1 jaune d'œuf dur + 6 grosses gousses d'ail
60 cl d'huile d'olive environ + Sel, poivre

❒ Pelez les gousses d'ail et fendez-les en deux pour retirer le germe. Broyez-les le plus finement possible dans un grand mortier en pierre, en ajoutant petit à petit tous les jaunes d'œufs. (Vous pouvez aussi utiliser un mixeur, mais le mortier fait partie intégrante de la cuisine provençale.) Salez et poivrez.

❒ Sans cesser de broyer au pilon, ajoutez un peu d'huile en filet comme pour une mayonnaise. Continuez à mélanger vivement jusqu'à ce que toute l'huile soit incorporée. L'aïoli est prêt quand il a pris une consistance ferme et homogène.

TARTINES AUX FIGUES

POUR 4 TARTINES • PRÉPARATION : 15 MIN • CUISSON : 2 MIN

4 tranches de pain aux noix + 12 figues fraîches + 80 g de cerneaux de noix
25 g de beurre demi-sel à température ambiante + Poivre

❒ Faites griller pendant 2 minutes les tranches de pain au grille-pain ou sous le gril du four.

❒ Hachez les cerneaux de noix à l'aide d'un couteau.

❒ Passez les figues sous l'eau et essuyez-les. Dans une assiette, écrasez-les à la fourchette. Tartinez les tranches de pain de beurre. Parsemez dessus la moitié des noix, recouvrez de figues écrasées et terminez par les noix. Poivrez et servez.

CHÈVRE FRAIS, CAROTTE ET BEURRE DE CORIANDRE

POUR 4 TARTINES • PRÉPARATION : 25 MIN • CUISSON : 2 MIN

4 grandes tranches de pain de mie complet + 12 brins de ciboulette + 1 Chavroux® ou autre fromage de chèvre frais + 4 gros radis rouges + 2 fines carottes nouvelles + ½ citron
125 g de beurre frais + 1 petit bouquet de coriandre + Sel, poivre

- Faites griller très légèrement les tranches de pain de mie complet, juste pour raffermir la mie, mais sans les laisser dorer. Laissez-les refroidir. Ciselez finement les brins de ciboulette.
- Égouttez le fromage de chèvre frais en l'épongeant sur du papier absorbant. Mettez-le dans un grand bol, ajoutez la ciboulette, du poivre, salez légèrement et malaxez avec une fourchette.
- Lavez et parez les radis, et taillez-les en fines rondelles. Pelez les carottes et râpez-les finement. Arrosez-les avec le jus du demi-citron, après avoir prélevé quelques très fines languettes de zeste. Travaillez le beurre en pommade.
- Lavez, épongez et ciselez finement la coriandre. Réservez quelques pluches. Mélangez intimement la coriandre ciselée avec le beurre en pommade.
- Tartinez chaque tranche de pain de mie avec le beurre de coriandre. Étalez par-dessus le chèvre frais à la ciboulette. Disposez enfin, en partageant le carré de pain en oblique, d'une part les carottes râpées, d'autre part les rondelles de radis en écailles.
- Décorez de pluches de coriandre et d'une languette de zeste de citron. Poivrez et servez.

MOUSSE D'ARTICHAUT AUX PIGNONS DE PIN

POUR 4 PERSONNES • PRÉPARATION : 15 MIN • CUISSON : 20 MIN

300 g de fonds d'artichaut + 4 cuil. à soupe de basilic ciselé + 2 cuil. à soupe de menthe ciselée + 200 g de ricotta + 25 cl de lait + 4 cuil. à soupe de crème fraîche
125 g de pignons de pin + 25 cl de bouillon de volaille + Sel, poivre

❒ Faites légèrement griller les pignons de pin à sec dans une petite poêle (quelques minutes en les surveillant bien, car ils roussissent facilement), puis broyez-les rapidement au mixeur pour les réduire en poudre. Mettez-les dans un petit saladier en verre.

❒ Faites chauffer le lait dans une casserole, versez-le sur la poudre de pignons de pin en fouettant, mixez à nouveau, salez légèrement. Fouettez la crème bien froide et ajoutez-la à la préparation précédente. Mixez à nouveau et réservez au frais.

❒ Mettez les fonds d'artichaut dans une casserole, couvrez de bouillon, salez et poivrez. Faites-les cuire jusqu'à ce qu'ils soient tendres (15 à 20 minutes), puis mixez-les en incorporant la menthe et la ricotta bien froide. Le mélange doit être presque mousseux.

❒ Versez la préparation dans un bol, ajoutez le mélange mousseux aux pignons de pin et parsemez de basilic ciselé. Servez aussitôt.

TOAST DE PATATE DOUCE AU CHÈVRE FRAIS ET RADIS

POUR 1 TOAST • PRÉPARATION : 10 MIN • CUISSON : 5 MIN

1 tranche de patate douce + 1 cuil. à café de fromage de chèvre frais + 2 radis

❒ Pelez une patate douce et lavez-la. Coupez-la en tranches de 1 cm environ. Passez la tranche au grille-pain à puissance maximale. Refaites griller si besoin une ou deux fois selon la puissance de votre appareil.

❒ Tartinez le toast de patate douce de fromage de chèvre frais avec des rondelles de radis préalablement lavés.

TARTINE ŒUF-CONCOMBRE

POUR 1 TARTINE • PRÉPARATION : 10 MIN

1 tranche de pain de seigle aux graines + 1 œuf dur + 3 tranches de concombre
2 cuil. à soupe de mayonnaise + 1 pincée de pousses germées + Poivre

❐ Écalez l'œuf dur et coupez-le en tranches.

❐ Tartinez la tranche de pain de seigle avec la mayonnaise. Disposez en quinconce une tranche d'œuf avec une tranche de concombre, poivrez et parsemez de pousses germées.

HOUMOUS DE POIS CHICHES, POTIRON, CREAM CHEESE ET SIROP D'ÉRABLE

POUR 4-5 PERSONNES • PRÉPARATION : 30 MIN • CUISSON : 35 MIN

250 g de pois chiches cuits + 100 g de potiron + 2 cuil. à soupe de tahin
75 g de cream cheese + 2 cuil. à soupe de sirop d'érable + ½ gousse d'ail épluchée
1 poignée de noix ou noix de pécan pour le topping + Sel, poivre

❒ Préchauffez le four à 180 °C (th. 6). Épluchez et découpez le potiron en petits morceaux et faites-les cuire au four sur une plaque pendant 35 minutes (20 minutes dans une casserole d'eau bouillante).

❒ Versez les pois chiches dans le bol d'un mixeur (ou un saladier, si vous utilisez un mixeur plongeant), ajoutez le tahin, le cream cheese, l'ail, le sirop d'érable, du sel et du poivre et mixez.

❒ Ajoutez les morceaux de potiron et mixez de nouveau le tout jusqu'à obtenir une texture crémeuse. Goûtez et rectifiez l'assaisonnement si nécessaire.

❒ Servez dans un bol en disposant quelques noix par-dessus le houmous.

TARTINES AUX CRUDITÉS

POUR 4 TARTINES • PRÉPARATION : 15 MIN • CUISSON : 5 MIN (FACULTATIF)

4 belles tranches de pain de campagne + 3 tomates allongées + 1 carotte
2 kiwis + 15 radis rouges + 12 billes de mozzarella + 100 g de fromage à tartiner
2 cuil. à soupe d'huile d'olive + Sel, poivre

❒ Lavez les tomates et coupez-les en fines tranches. Pelez et lavez la carotte, puis coupez-la en tagliatelles à l'aide d'un Économe. Pelez les kiwis et coupez-les en petits dés. Lavez et coupez les radis en rondelles.

❒ Égouttez les billes de mozzarella et coupez-les en deux. Faites légèrement griller les tranches de pain au grille-pain (facultatif).

❒ Garnissez chaque tranche de pain de fromage à tartiner, de tomate, de carotte, de kiwi, de radis et de mozzarella. Salez et poivrez légèrement, Arrosez chaque tranche d'un filet d'huile d'olive et dégustez aussitôt.

TARTINADE DE COURGE, NOIX ET ROQUEFORT

POUR 1 BOL • PRÉPARATION : 5 MIN • CUISSON : 20-30 MIN
RÉFRIGÉRATION : 30 MIN

1 petite courge de 500 g ou 1 portion de potiron de 500 g + 2 cuil. à soupe d'huile de noix
2 cuil. à soupe de vinaigre de cidre + 60 g de roquefort ou fromage bleu + Sel, poivre

- Dans le panier d'un cuit-vapeur ou dans un autocuiseur, mettez la courge ou le morceau de potiron. Faites cuire 30 minutes (ou 20 minutes à l'autocuiseur). Laissez refroidir.
- Enlevez la peau et les pépins de la courge et mettez-la en morceaux grossiers dans le bol d'un robot mixeur. Ajoutez l'huile de noix, le vinaigre de cidre et le roquefort. Mixez finement. Ajustez l'assaisonnement en sel et poivre.
- Réservez au frais jusqu'au moment de servir.
- Vous pouvez remplacer le roquefort par un fromage de chèvre frais ou un autre fromage frais plus doux, comme le St Môret® ou le Philadelphia®.

TARTINE AU CHÈVRE

POUR 1 TARTINE • PRÉPARATION : 15 MIN • CUISSON : 10 MIN

1 grande tranche de pain + 1 cuil. à soupe de creamcheese + 1 cuil. à café de ketchup
½ fromage de chèvre + 4 cuil. à soupe de crudités râpées : carotte, betterave ou salade verte ciselée + 1 cuil. à café d'huile d'olive

❒ Préchauffez le four à 210 °C (th. 7).

❒ Mélangez le creamcheese au ketchup et tartinez. Ajoutez le fromage de chèvre tranché et posez la tartine dans le four sur mode gril. Laissez cuire 10 minutes.

❒ Parsemez de crudités et d'un filet d'huile d'olive. Dégustez !

DIP DE CACAHUÈTES

POUR 4 PERSONNES • PRÉPARATION : 5 MIN • RÉFRIGÉRATION : 30 MIN

320 g de Kiri® + 70 g de cacahuètes salées + quelques cacahuètes pour le décor
1 petite gousse d'ail + 4 cuil. à soupe de lait + Poivre

❒ Dans un mini-hachoir, mixez finement les cacahuètes et l'ail.

❒ Dans une jatte, écrasez les Kiri® à l'aide d'une cuillère, pour en faire une crème souple. Ajoutez les cacahuètes et malaxez bien le tout. Incorporez le lait, poivrez très légèrement et mélangez de nouveau.

❒ Placez le dip 30 minutes au frais puis, au moment de servir, donnez un dernier coup de cuillère pour bien lisser la préparation et versez-la dans un bol. Décorez de quelques cacahuètes supplémentaires.

❒ Des grissini, des mouillettes de pain grillé, des côtes de céleri ou des bâtons de carotte l'accompagneront délicieusement.

TARTINES ŒUF MIMOSA ET PARMESAN

POUR 4 TARTINES • PRÉPARATION : 20 MIN • CUISSON : 12 MIN

4 tranches de pain aux céréales de 1 cm d'épaisseur maximum + 6 œufs + 1 jaune
150 g de parmesan + 50 g de câpres + 1 cuil. à café de moutarde + 25 cl d'huile d'olive
Sel, poivre

❒ Faites griller pendant 2 minutes les tranches de pain au grille-pain ou sous le gril du four. Faites durcir les œufs pendant 10 minutes.

❒ Pendant ce temps, égouttez les câpres et détaillez le parmesan en fines lamelles à l'aide d'un couteau économe.

❒ Préparez une mayonnaise en mélangeant la moutarde au jaune d'œuf. Salez et poivrez. Puis montez-la en versant au fur et à mesure l'huile d'olive sans cesser de mélanger avec une cuillère en bois.

❒ Plongez les œufs dans l'eau froide et écalez-les. Coupez-les en deux dans le sens de la longueur, séparez les blancs des jaunes. Émiettez les jaunes.

❒ Mélangez la moitié des jaunes avec la mayonnaise. Ajoutez les câpres. Tartinez les tranches de pain de cette mayonnaise aux jaunes, parsemez dessus le reste des jaunes émiettés et recouvrez de lamelles de parmesan. Poivrez et servez.

TARTINES DE TAPENADE VERTE AU CHÈVRE ET AU BASILIC

POUR 6 PERSONNES • PRÉPARATION : 20 MIN • RÉFRIGÉRATION : 2 H

1 petit chèvre frais + 120 g d'olives vertes dénoyautées + 1 gousse d'ail
¼ de botte de basilic + 1 cuil. à café de câpres + 1 cuil. à café de sarriette séchée
2 cuil. à soupe d'huile d'olive + 20 tranches de pain baguette légèrement grillées

❒ Épluchez et dégermez la gousse d'ail. Coupez-la finement, puis passez-la au hachoir électrique pour qu'elle soit réduite en une purée la plus fine possible.

❒ Ajoutez une dizaine de feuilles de basilic et les câpres, et mixez à nouveau le plus finement possible.

❒ Égouttez les olives, mettez-les dans le hachoir et mixez jusqu'à obtenir une texture fine mais pas une purée ! Remuez régulièrement pour que toutes les olives soient hachées de la même manière.

❒ Ajoutez le fromage de chèvre très frais par petites quantités, en goûtant régulièrement, jusqu'à obtention du goût souhaité. Attention : le goût d'un fromage fermier est plus prononcé que celui d'un fromage industriel, mais tous deux conviennent néanmoins très bien.

❒ Débarrassez la purée d'olives au chèvre ainsi obtenue dans un bol.

❒ Ajoutez la sarriette et l'huile d'olive, et mélangez pour que la tapenade soit bien homogène.

❒ Réservez si possible au frais pendant quelques heures pour que les parfums se mêlent bien. Décorez avec des feuilles de basilic frais au moment de servir, sur des rondelles de baguette grillées.

Vous pouvez décliner cette recette avec des olives noires, pour un goût complètement différent.

SAUCE AU YAOURT

POUR 4 PERSONNES • PRÉPARATION : 5 MIN

1 yaourt à la grecque + 1 cuil. à café d'huile d'olive + 1 cuil. à soupe de jus de citron
¼ d'oignon rouge coupé en morceaux + ½ cuil. à café de graines de cumin + 4 brins de persil
Sel, poivre

❒ Mixez l'oignon, le cumin et le persil.

❒ Ajoutez le yaourt, l'huile et le jus de citron, salez et poivrez à votre goût et mixez de nouveau.

HOUMOUS AÉRIEN À LA BETTERAVE ET RICOTTA

POUR 4-5 PERSONNES • PRÉPARATION : 10 MIN

2 grosses betteraves cuites + 200 g de haricots rouges + 2 cuil. à soupe de tahin
50 g de ricotta + 1 gousse d'ail épluchée + Le jus de 1 citron + Sel, poivre

❒ Découpez les betteraves en morceaux en retirant le surplus de jus.

❒ Versez-les dans le bol d'un mixeur (ou un saladier si vous utilisez un mixeur plongeant), ajoutez les haricots rouges, le tahin, l'ail, le jus de citron, la ricotta, du sel et du poivre.

❒ Mixez le tout jusqu'à obtenir une texture aérienne. Goûtez et rectifiez l'assaisonnement si nécessaire.

❒ Le houmous de betterave peut aussi être préparé sans ricotta, il sera simplement plus consistant.

CHIPS DE CAROTTES, DIP DE YAOURT AU CUMIN

POUR 4 PERSONNES • PRÉPARATION : 10 MIN • CUISSON : 30 MIN

Pour les chips de carottes : 3 carottes + 1 cuil. à soupe de graines de cumin
Huile d'arachide
Pour le dip : 1 yaourt nature + 1 cuil. à soupe rase de purée de sésame (tahin) + 1 cuil. à café de cumin en poudre + Sel

❒ Préchauffez le four à 150 °C (th. 5).

❒ Pelez les carottes, rincez-les et essuyez-les. Émincez-les à la mandoline et répartissez sur une plaque en silicone ou une plaque à pâtisserie recouverte de papier sulfurisé. Huilez au pinceau les rondelles de carotte des deux côtés, saupoudrez-les de graines de cumin et enfournez pour 30 minutes.

❒ Préparez le dip en mélangeant tous les ingrédients.

❒ Sortez les chips du four et servez avec le dip.

❒ Choisissez de grosses carottes pour cette recette, afin d'obtenir de belles rondelles.

by the Season,
also selling.

CARRÉS AUX HERBES, SAUCE À LA FOURME D'AMBERT

POUR 10 PERSONNES • PRÉPARATION : 30 MIN • CUISSON : 6 MIN

80 g de crème fraîche + 80 g de beurre + 150 g de fourme d'Ambert
15 feuilles de basilic + 15 tiges de ciboulette + 6 feuilles de pain lavash + 3 cuil. à soupe d'herbes séchées mélangées (thym, origan...) + 2 cuil. à café de graines de fenouil + 1 cuil. à soupe de porto blanc ou rouge + Fleur de sel, poivre

❒ Préchauffez le four à 180 °C (th. 6). Préparez la sauce au bleu : dans le bol d'un robot, hachez les herbes fraîches, ajoutez le fromage émietté, la crème fraîche, le porto et le poivre. Mélangez, versez dans un bol et réservez. Faites fondre le beurre dans une petite casserole.

❒ À l'aide d'un pinceau, badigeonnez de beurre fondu les feuilles de pain lavash sur chaque face. Saupoudrez d'herbes séchées la moitié des feuilles de pain lavash et de graines de fenouil l'autre moitié. Salez et poivrez. Découpez le pain lavash en bandes de 5 cm de large, puis recoupez-les en carrés de 5 x 5 cm.

❒ Placez les petits carrés de pain lavash sur une plaque de cuisson et enfournez pour 6 minutes. Laissez refroidir à la sortie du four.

❒ Placez les petits carrés aux herbes dans un plat de présentation et dégustez avec la sauce.

Pour un peu de fraîcheur, préparez un petit panier de légumes crus à déguster avec la sauce à la fourme d'Ambert. Un mariage parfait !

TARTINES DE FROMAGE FRAIS À LA FONDUE DE SCAROLE

POUR 4 TARTINES • PRÉPARATION : 10 MIN • CUISSON : 12 MIN

4 tranches de pain au levain + 100 g de fromage frais + 500 g de scarole + 25 g d'olives vertes dénoyautées + 25 g de câpres + 25 g de raisins secs + 25 g de graines de tournesol 2 cuil. à soupe d'huile d'olive + un peu pour les tranches de pain

❒ Retirez les premières feuilles de la scarole si elles sont abîmées. Effeuillez la salade et lavez soigneusement les feuilles, puis coupez chaque feuille en gros morceaux.

❒ Hachez grossièrement les olives. Dans un bol, mélangez-les avec les câpres, les raisins secs et les graines de tournesol.

❒ Dans une sauteuse, chauffez l'huile d'olive et faites-y revenir 2 minutes le mélange aux olives. Ajoutez la scarole, remuez et faites cuire à feu moyen à couvert 10 minutes environ, le temps que les feuilles tombent et s'attendrissent.

❒ Préchauffez le four à 240 °C (th. 8) en position gril.

❒ Déposez les tranches de pain sur une plaque de cuisson, placez-la à 10 cm du gril et laissez juste dorer le pain. Nappez les tartines d'un filet d'huile d'olive et tartinez-les de fromage frais. Déposez dessus la scarole fondue et servez aussitôt.

❒ Réalisez cette recette avec d'autres variétés de chicorées comme une chicorée à feuilles rouges ou la pain de sucre.

TARTINADE POIVRON-FETA

POUR 4 PERSONNES • PRÉPARATION : 10 MIN • CUISSON : 10 MIN
REPOS : 10 MIN

1 gros poivron rouge + 90 g de feta + 120 g de faisselle + 1 gousse d'ail épluchée et dégermée + 12 feuilles de basilic + 1 cuil. à soupe d'huile d'olive + Sel, poivre

❒ Préchauffez le four à 200 °C (th. 6-7). Placez le poivron au four pour 10 minutes environ, en le retournant au bout de 5 minutes, jusqu'à ce que la peau commence à noircir.

❒ Sortez-le du four, placez-le dans un sac congélation et laissez-le tiédir pendant 10 minutes. Épluchez-le et épépinez-le.

❒ Mixez le poivron avec la feta, la faisselle, l'ail, le basilic et l'huile jusqu'à obtenir une pâte onctueuse et lisse. Salez et poivrez.

❒ Servez avec des tranches de pain grillé.

Si vous manquez de temps, remplacez le poivron frais par du poivron à l'huile bien égoutté !

TARTINADE DE BETTERAVE

POUR 6 PERSONNES • PRÉPARATION : 10 MIN • RÉFRIGÉRATION : 2 H

2 betteraves cuites + 120 g de fromage blanc 0 % MG + ½ citron + 1 gousse d'ail
10 brins de menthe + 1 cuil. à soupe de kasha + Sel, poivre

❒ Pelez l'ail, retirez le germe et hachez la gousse finement. Lavez, séchez et hachez avec des ciseaux la menthe.

❒ Pressez le demi-citron.

❒ Coupez les betteraves en morceaux. Mixez-les avec le fromage blanc, le jus de citron, l'ail et la menthe. Salez et poivrez.

❒ Versez la préparation dans un récipient hermétique. Réservez au frais pendant 2 heures. Saupoudrez de kasha au moment de servir.

❒ Servez avec des fines tranches de pain de seigle grillées.

TARTARE DE RADIS ROUGES AUX NOIX

POUR 4 PERSONNES • PRÉPARATION : 15 MIN • CUISSON : 5 MIN

1 botte de radis rouges + 8 cerneaux de noix + 50 g de fromage de chèvre frais
5 tiges de coriandre + 2 cuil. à soupe d'huile d'olive + 2 cuil. à soupe de vinaigre de noix
8 fines tranches de pain de seigle + Sel, poivre

❐ Coupez les fanes des radis. Lavez les radis, puis hachez-les grossièrement au couteau. Hachez les cerneaux de noix. Rincez la coriandre, effeuillez-la.

❐ Mélangez dans un saladier les radis et les noix hachés, ajoutez le chèvre frais émietté. Salez, poivrez, assaisonnez d'huile d'olive et de vinaigre de noix.

❐ Faites griller les tranches de pain de seigle. Servez le tartare bien frais avec le pain grillé.

CROSTINIS RICOTTA, FIGUE ET MIEL

POUR 8 CROSTINIS • PRÉPARATION : 10 MIN • CUISSON : 5 MIN

8 tranches de baguette grillées + 2 figues coupées en tranches + 4 cuil. à soupe de ricotta 1 cuil. à soupe d'huile d'olive + 1 cuil. à soupe de vinaigre balsamique + 2 cuil. à soupe de sucre en poudre + 2 tiges d'origan effeuillées + Poivre

- Faites griller le pain.
- Faites chauffer le vinaigre et le sucre dans une petite casserole. Portez à ébullition et laissez 3 minutes à feu doux.
- Badigeonnez les tranches de pain avec l'huile d'olive. Étalez la ricotta et déposez les tranches de figue.
- Finissez en versant sur les tartines le mélange de vinaigre au sucre, poivrez et parsemez l'origan.

Faites vos crostinis avec toutes sortes de pains, aux graines ou aux fruits secs !

TARTINES COMME UNE PIZZA D'ÉTÉ

POUR 4 TARTINES • PRÉPARATION : 5 MIN • CUISSON : 13 MIN

1 baguette coupée en deux, puis tranchée en deux dans le sens de la longueur
12 mini-poivrons coupés en deux + 16 tomates cerises coupées en quatre
1 petit bouquet de basilic + 2 boules de mozzarella coupées en tranches fines
8 cuil. à soupe de tomates concassées + Huile d'olive

❒ Préchauffez le four à 180 °C (th. 6).

❒ Faites griller les poivrons sur un gril brûlant 3 minutes de chaque côté. Réservez-les en les couvrant d'une feuille de papier aluminium.

❒ Versez un petit filet d'huile sur les 4 tartines. Étalez les tomates concassées, puis déposez les tranches de mozzarella. Enfournez-les pour 10 minutes. Passez-les éventuellement sous un gril brûlant pendant 3 minutes.

❒ Répartissez par-dessus les poivrons grillés, les tomates cerises, les feuilles de basilic, et de nouveau quelques gouttes d'huile d'olive.

POINTES D'ASPERGES VERTES ET DIP DE RADIS

POUR 4 PERSONNES • PRÉPARATION : 10 MIN • CUISSON : 15-20 MIN
RÉFRIGÉRATION : 30 MIN

12 asperges vertes + 10 radis + 100 g de fromage blanc à 20 % MG + ½ échalote
5 branches de cerfeuil + Sel, poivre

- Pelez les asperges, rincez-les, essuyez-les, puis faites-les cuire à la vapeur pendant 15 à 20 minutes : elles doivent rester un peu fermes.
- Laissez-les tiédir dans un plat creux. Coupez les pointes à 5 cm environ.
- Préparez le dip. Coupez les queues des radis et grattez-les. Pelez et hachez l'échalote. Mixez-la avec les radis, le cerfeuil effeuillé, le fromage blanc, le sel et le poivre. Goûtez et rectifiez l'assaisonnement si nécessaire et réservez au frais.
- Présentez le dip aux radis entouré des pointes d'asperges vertes sur une grande assiette de service.

TZATZIKI

POUR 4 PERSONNES • PRÉPARATION : 20 MIN

1 concombre + 1 yaourt nature + Le jus de ½ citron + ½ botte de menthe + Sel, poivre

❒ Lavez et essuyez le concombre. Coupez-le dans le sens de la longueur et éliminez les pépins à l'aide d'une petite cuillère. Émincez la chair en tout petits dés, sans la peler. Mettez-les dans une passoire fine posée sur un saladier. Salez et laissez dégorger 15 min.

❒ Pendant ce temps, lavez la menthe, puis effeuillez-la et ciselez-la.

❒ Dans une jatte, mélangez le yaourt avec la menthe ciselée et le jus de citron. Salez et poivrez. Ajoutez le concombre et mélangez. Réservez au frais avant de servir.

TARTINES GRATINÉES À LA LYONNAISE

POUR 4 TARTINES • PRÉPARATION : 10 MIN • CUISSON : 10 MIN

4 tranches de pain aux céréales assez épaisses + 1 grosse gousse d'ail + 2 saint-marcellin frais
20 brins de ciboulette fraîche + 1 cuil. a soupe d'huile de noix + Sel, poivre

❒ Pelez la gousse d'ail. Passez les tranches de pain au grille-pain sans les faire trop dorer, puis frottez-les d'un côté avec la gousse d'ail.

❒ Coupez les saint-marcellin en deux dans l'épaisseur. Posez 1 demi-fromage sur chaque tranche de pain du côté frotté d'ail. Étalez-le un peu avec un couteau a tartiner. Salez très légèrement et poivrez.

❒ Mettez le gril du four à chauffer. Ciselez les brins de ciboulette au-dessus des tartines, puis arrosez-les d'un filet d'huile de noix.

❒ Rangez-les sur une grille tapissée de papier aluminium. Glissez la grille sous le gril et laissez gratiner 10 minutes en surveillant.

❒ Servez aussitôt, éventuellement avec une salade d'endives aux noix.

L'huile de noix a tendance à rancir si vous la conservez trop longtemps. Achetez-la en petite quantité et versez-la dans une burette en métal à long bec, ce qui permet de la verser en filet.

CAVIAR D'AUBERGINES À L'INDIENNE

POUR 8 PERSONNES • PRÉPARATION : 20 MIN • CUISSON : 30 MIN

4 aubergines + 3 tomates + 1 oignon + 3 gousses d'ail + 1 morceau de gingembre de 5 cm environ + 2 piments oiseaux + Le jus de 1 citron vert + 3 cuil. à soupe de ghee (ou de beurre fondu) + 1 cuil. à café de graines de cumin (ou ½ cuil. à café de cumin en poudre) + 1 cuil. à café de graines de coriandre (ou ½ cuil. à café de coriandre moulue) 1 cuil. à café de garam masala + ½ bouquet de coriandre fraîche + Sel, poivre

❒ Allumez le gril du four. Placez les aubergines dans une lèche-frite et placez-les sous le gril, pendant 10 minutes environ, en les retournant plusieurs fois : la peau doit noircir sans vraiment brûler. Laissez refroidir.

❒ Pendant ce temps, portez à ébullition une casserole d'eau et ébouillantez-y les tomates pendant 20 secondes. Ressortez-les avec une écumoire, rafraîchissez-les sous l'eau courante, puis pelez-les. Coupez-les en quatre, épépinez-les et détaillez-les en dés.

❒ Pelez et hachez les gousses d'ail et l'oignon, pelez le gingembre et coupez-le en dés. Émincez et épépinez les piments. Mettez l'ail, l'oignon, le gingembre et le piment dans un mortier, écrasez-les au pilon.

❒ Pelez les aubergines, puis détaillez leur chair en dés.

❒ Faites chauffer le ghee dans une sauteuse, ajoutez les graines de cumin et de coriandre, mélangez 30 secondes. Ajoutez le contenu du mortier et laissez suer 3 minutes, en remuant de temps en temps. Ajoutez les dés d'aubergine, salez et poivrez. Faites rissoler environ 15 minutes, en remuant de temps en temps. Ajoutez les dés de tomate et laissez mijoter encore 3 minutes.

❒ Arrosez de jus de citron vert. Saupoudrez de garam masala et laissez refroidir.

❒ Parsemez de coriandre ciselée juste avant de servir.

DIP DE MUNSTER AU POIVRE VERT

POUR 4 PERSONNES • PRÉPARATION : 5 MIN • RÉFRIGÉRATION : 30 MIN

200 g de munster + 100 g de St Môret® + 1 cuil. à soupe de poivre vert au vinaigre + quelques grains pour la décoration

- Retirez la croûte du munster, puis écrasez le fromage à la fourchette.
- Transvasez-le dans une jatte, ajoutez le St Môret® et battez le tout énergiquement au fouet.
- Égouttez les grains de poivre vert et écrasez-les au pilon dans un mortier jusqu'à l'obtention d'une pâte. Incorporez-la aux fromages et mélangez bien.
- Placez la jatte au réfrigérateur pendant 30 minutes pour bien rafraîchir la préparation.
- Donnez ensuite un ou deux coups de fouet, puis versez le dip dans un bol et parsemez de grains de poivre vert.
- Ce dip s'accompagne naturellement de pain frais ou grillé, ainsi que de grissini et de crackers.

TARTINE AVOCAT, FROMAGE DE CHÈVRE FRAIS, HERBES ET GRAINES DE CHIA

POUR 1 TARTINE • PRÉPARATION : 10 MIN • CUISSON : 2 MIN

1 tranche de pain (au choix) + ½ avocat + 20 g de fromage de chèvre frais
Quelques brins de ciboulette + ½ cuil. à café de graines de chia + Sel, poivre

❒ Pelez le demi-avocat (un avocat coupé se conserve bien pendant 1 ou 2 jours si vous lui laissez son noyau), écrasez-le avec une fourchette. Ajoutez le fromage de chèvre et mélangez.

❒ Rincez et ciselez la ciboulette et ajoutez-la à l'avocat. Salez et poivrez très légèrement.

❒ Toastez la tranche de pain.

❒ Tartinez la préparation sur le toast, saupoudrez de graines de chia et dégustez.

Vous pouvez ajouter à cette tartine 1 ou 2 œufs sur le plat ou des œufs durs pour plus de protéines.

TARTINE FROMAGE-FRUITS ROUGES

POUR 1 TARTINE • PRÉPARATION : 10 MIN

1 tranche de pain de seigle aux graines + 1 tranche de fromage bleu
1 cuil. à soupe de confiture d'airelles + 1 grappe de groseilles + 1 branche de persil
1 noix de beurre

❒ Beurrez la tranche de pain de seigle. Déposez la tranche de fromage, la cuillère de confiture et la grappe de groseilles. Terminez en ajoutant des feuilles de persil et dégustez aussitôt.

DIP DE PETITS LÉGUMES

POUR 4 PERSONNES • PRÉPARATION : 15 MIN • RÉFRIGÉRATION : 30 MIN

400 g d'un mélange de petits légumes au choix + 100 g de fromage de chèvre frais
1 yaourt brassé + 2 cuil. à soupe d'aneth ou de ciboulette ciselée + Sel, poivre

❒ Préparez un mélange de petits légumes de votre choix : jeunes carottes, concombres, petits champignons de Paris, branches de jeune céleri, etc. Taillez-les en petits bâtonnets ou en morceaux de la taille d'une bouchée. Si certains sont un peu fermes, plongez-les entre 30 secondes et 1 minute dans l'eau bouillante, puis égouttez-les et laissez refroidir.

❒ Émiettez le fromage dans un bol, écrasez-le sommairement à la fourchette, puis battez-le au fouet avec le yaourt, jusqu'à ce que le mélange soit homogène et onctueux. Goûtez, salez et poivrez à votre goût, puis ajoutez les herbes ciselées.

❒ Réservez les légumes et le dip au réfrigérateur jusqu'au moment de servir, couverts de film alimentaire.

TARTINES AU FROMAGE FRAIS, PÂTE DE COING ET CONFITURE DE CERISES

POUR 4 TARTINES • PRÉPARATION : 10 MIN • CUISSON : 5 MIN

4 grandes tranches de pain de campagne + 1 fromage de chèvre frais + 1 petit pot de confiture de cerises noires + 2 cuil. à soupe de kirsch + 100 g de pâte de coing 1 orange + Poivre

❒ Posez les tranches de pain de campagne à plat sur une planche à découper et tartinez-les d'une couche assez épaisse de chèvre frais. Lissez le dessus et poivrez. Mettez-les au frais dans le bas du réfrigérateur.

❒ Versez le contenu du pot de confiture de cerises noires dans une petite casserole et ajoutez le kirsch. Faites chauffer doucement, en remuant avec une cuillère en bois, et laissez réduire, puis retirez du feu et laissez tiédir.

❒ Découpez la pâte de coing en petits dés réguliers. Lavez et essuyez l'orange, râpez finement son zeste.

❒ Répartissez la confiture de cerises noires sur les tranches de pain tartinées de fromage frais. Ajoutez en garniture les petits dés de pâte de coing et parsemez de zeste d'orange râpé.

CERVELLE DE CANUT AU CHÈVRE FRAIS

POUR 4 PERSONNES • PRÉPARATION : 5 MIN

120 g de fromage de chèvre + 120 g de fromage frais + 1 oignon nouveau émincé finement
1 cuil. à soupe d'huile d'olive + 1 filet + 6 tiges de ciboulette émincées finement
2 tiges de persil hachées finement + Sel, poivre

❒ Mélangez le fromage frais et le fromage de chèvre.

❒ Ajoutez les herbes, l'oignon (réservez un peu d'oignon, de ciboulette et de persil), l'huile, le sel, le poivre et remuez.

❒ Au moment de servir, parsemez cette cervelle de canut des ingrédients réservés et versez un filet d'huile d'olive.

N'hésitez pas à varier les herbes ou même à en ajouter, par exemple de l'estragon !

DIP DE CAROTTES AU CUMIN

POUR 4-6 PERSONNES • PRÉPARATION : 5 MIN • CUISSON : 20-30 MIN

REPOS : 20 MIN

500 g de carottes + 2 cuil. à soupe de fromage frais (type St Môret® ou Philadelphia®)
2 cuil. à soupe d'huile d'olive + 1 cuil. à café de cumin en poudre
Le jus de ½ citron

❒ Épluchez les carottes et coupez-les en rondelles. Faites-les cuire 20 à 30 minutes à la vapeur (les piquer avec la pointe d'un couteau, elles sont cuites quand elles sont très tendres). Laissez-les refroidir un peu.

❒ Dans le bol d'un robot mixeur, mettez les carottes avec le reste des ingrédients et mixez finement.

❒ Pour une saveur plus orientale, remplacez l'huile d'olive par 1 cuillerée à café d'huile de sésame.

TARTINES FAÇON MIMOSA

POUR 4 TARTINES • PRÉPARATION : 10 MIN

4 belles tranches de pain de campagne toastées + 4 tiges de persil grossièrement hachées
1 tige d'estragon effeuillée grossièrement hachée + 1 oignon nouveau grossièrement haché
4 cornichons grossièrement hachés + 4 œufs durs coupés en morceaux + 2 cuil. à soupe de mayonnaise + 2 cuil. à soupe de moutarde + 1 petite poignée de feuilles de mâche
Sel, poivre

❒ Mixez ensemble assez finement le persil, l'estragon, l'oignon et les cornichons. Ajoutez les œufs et mixez de nouveau rapidement. Ajoutez la mayonnaise et la moutarde, salez et poivrez à votre goût et mélangez une dernière fois.

❒ Disposez sur les tartines les feuilles de mâche, puis le mélange aux œufs.

BRUSCHETTAS TOMATE-MOZZARELLA-PARMESAN

POUR 4 TARTINES • PRÉPARATION : 5 MIN • CUISSON : 10 MIN

4 tranches de pain + 2 boules de mozzarella coupées en fines tranches
3 petites tomates (de couleurs différentes) + 1 cuil. à soupe de copeaux de parmesan
1 cuil. à café d'huile d'olive + poivre

❒ Faites griller le pain. Préchauffez le four à 210 °C (th. 7).

❒ Disposez les tranches de mozzarella sur le pain grillé. Passez-les au four 10 minutes.

❒ Coupez les tomates en cubes, puis disposez-les sur le pain.

❒ Parsemez de copeaux de parmesan, versez un filet d'huile et poivrez.

Donnez du caractère à vos bruschettas en remplaçant les tomates rouges par du poivron rouge !

CAVIAR D'AUBERGINES

POUR 4 PERSONNES • PRÉPARATION : 5 MIN • CUISSON : 20 MIN

2 grosses aubergines coupées en deux + 3 cuil. à soupe de pâte de sésame (tahin) 3 cuil. à soupe de jus de citron + 3 cuil. à soupe de fromage blanc + 3 cuil. à soupe d'huile d'olive + 1 gousse d'ail épluchée et dégermée + Sel, poivre

❐ Préchauffez le four à 200 °C (th. 6-7). Quadrillez la chair des aubergines avec la pointe d'un couteau.

❐ Posez-les sur une plaque métallique recouverte de papier sulfurisé. Arrosez-les d'huile et enfournez pour 20 minutes en surveillant la cuisson.

❐ Retirez la chair des aubergines avec une cuillère et jetez la peau.

❐ Mixez les aubergines avec le jus de citron, la pâte de sésame, l'ail et le fromage blanc jusqu'à obtenir une pâte onctueuse et lisse. Salez et poivrez.

Pour accentuer le goût de sésame, parsemez sur le caviar 1 cuillerée à café de graines de sésame juste grillées à la poêle.

GUACAMOLE

POUR 4-6 PERSONNES • PRÉPARATION : 5 MIN

2 avocats + 2 oignons nouveaux + 6 tiges de coriandre + 1 cuil. à soupe de jus de citron vert
Quelques gouttes de Tabasco® + Sel, poivre

- Émincez finement les oignons nouveaux et la coriandre, réservez 1 cuillerée à soupe que vous ajouterez en fin de recette pour la présentation.
- Mixez la chair des avocats, ajoutez-y les oignons, la coriandre, le citron vert, le Tabasco®, le sel et le poivre, mélangez. Rectifiez selon votre goût.
- Ajoutez l'oignon et la coriandre réservés avant de servir.

Plus ou moins piquant, c'est la dose de Tabasco® qui jouera !

PÂTÉ AUX GRAINES DE TOURNESOL ET AUX CHAMPIGNONS

POUR 4-6 PERSONNES • PRÉPARATION : 5 MIN • TREMPAGE : 2 H

60 g de graines de tournesol + 120 g de champignons de Paris frais + 1 gousse d'ail
2 cuil. à soupe d'huile d'olive + 1 cuil. à café de sel + 1 pincée de poivre

❒ Faites tremper les graines de tournesol dans un bol d'eau pendant 2 heures environ. Égouttez-les, puis placez-les dans le bol d'un robot.

❒ Lavez les champignons et détaillez-les en dés. Pelez l'ail et hachez-le finement.

❒ Versez les champignons, l'ail, l'huile d'olive, le sel et le poivre dans le bol du robot.

❒ Mixez jusqu'à l'obtention d'une préparation homogène et dégustez aussitôt.

Vous pouvez remplacer les graines de tournesol par des lentilles vertes cuites et pour ceux qui supportent mal les champignons, les troquer pour des carottes râpées.

COMPOTÉE DE TOMATES AU CUMIN ET À LA MENTHE

POUR 4 PERSONNES • PRÉPARATION : 10 MIN • CUISSON : 45 MIN
RÉFRIGÉRATION : 1 H

5 tomates bien mûres + 2 oignons rouges épluchés + 2 cuil. à soupe de menthe hachée
1 feuille + 1 cuil. à soupe de graines de cumin + 1 cuil. à soupe d'huile d'olive + Sel, poivre

❒ Dans une casserole, chauffez l'huile d'olive et faites-y dorer les oignons finement émincés. Lorsqu'ils ont pris une belle couleur, ajoutez les graines de cumin et laissez revenir 2 minutes.

❒ Incorporez ensuite les tomates lavées et coupées en petits dés. Salez, poivrez et faites-les mijoter environ 40 minutes à feu doux. Elles vont ainsi « compoter » doucement jusqu'à l'obtention d'un mélange assez épais et d'aspect caramélisé.

❒ Laissez complètement refroidir, puis ajoutez la menthe et placez le tout au moins 1 heure au réfrigérateur.

❒ Au dernier moment, mélangez le dip et versez-le dans un bol. Décorez d'une feuille de menthe et servez-le bien froid accompagné de *pappadums* (chips indiennes), de bruschetta (spécialité italienne) ou de toasts de pain de campagne.

HOUMOUS DE PETITS POIS

POUR 8 PERSONNES • PRÉPARATION : 15 MIN • CUISSON : 10 MIN

1,5 kg de petits pois frais (dans leur cosse) ou 600 g de petits pois surgelés
4 cuil. à soupe de tahin (pâte de sésame) + 1 cuil. à café de cumin
2 ou 3 cuil. à soupe de menthe fraîche hachée + 2 cuil. à soupe d'huile d'olive
1 cuil. à soupe de vinaigre de cidre + Sel

❐ Écossez les petits pois et lavez-les à grande eau, puis faites-les cuire dans de l'eau bouillante salée.

❐ Égouttez-les, plongez-les aussitôt dans de l'eau glacée pour arrêter la cuisson et fixer la couleur, puis égouttez-les et débarrassez sur du papier absorbant.

❐ Mixez l'ensemble des ingrédients : les petits pois cuits, l'huile d'olive et le tahin, le cumin et la menthe fraîche hachée. Salez, ajoutez le vinaigre et rectifiez l'assaisonnement si nécessaire.

Pour parfumer vos petits pois, vous pouvez ajouter un petit zeste de citron vert, pour une note de fraîcheur. N'hésitez pas à utiliser des petits pois frais surgelés, ou à remplacer les petits pois par des fèves fraîches.

BRUSCHETTAS AUX CHAMPIGNONS ET ARTICHAUTS

POUR 2 BRUSCHETTAS • PRÉPARATION : 5 MIN • CUISSON : 15 MIN

2 tranches de pain de seigle ou de campagne + 100 g de champignons de Paris
100 g de cœurs d'artichaut en bocal + 1 tomate charnue et mûre + 2 gousses d'ail
2 feuilles de basilic + Huile d'olive + Sel, poivre

- Préchauffez le four à 200 °C (th. 6-7). Lavez les champignons et coupez-les en lamelles. Rincez les cœurs d'artichaut et égouttez-les.
- Faites chauffer 1 cuillerée à soupe d'huile dans une poêle et faites cuire les champignons et les artichauts à feu moyen et à couvert, pendant 8 minutes. Salez et poivrez.
- Pelez et hachez l'ail finement. Faites griller les tranches de pain au four pendant 6 minutes environ.
- Découpez la tomate en petits morceaux et répartissez-les sur le pain grillé. Ajoutez l'ail, les légumes et le basilic.
- Arrosez d'un filet d'huile d'olive avant de déguster.

TARTINES DE PRINTEMPS, AVOCAT-RADIS-FÈVES

POUR 4 TARTINES • PRÉPARATION : 10 MIN • CUISSON : 1 MIN

4 grosses tranches de pain complet ou de campagne + 2 avocats + Le jus de ½ citron
8 radis roses + 40 fèves fraîches ou surgelées + 2 cuil. à soupe d'huile d'olive + ½ cuil. à café de cumin en poudre + Graines de sésame noir (facultatif) + Fleur de sel, poivre

❒ Faites blanchir les fèves fraîchement décortiquées 1 minute dans de l'eau bouillante (2 minutes avec des surgelées). Égouttez-les, Rafraîchissez-les sous un jet d'eau froide, laissez-les égoutter.

❒ Lavez les radis, coupez-les en rondelles. Écrasez la chair des avocats à la fourchette, avec le jus de citron et le cumin. Toastez le pain.

❒ Répartissez la purée d'avocat sur les tranches de pain. Plantez les rondelles de radis et les fèves dans l'avocat. Arrosez chaque tartine d'un filet d'huile d'olive, mettez une pincée de fleur de sel, du poivre et quelques graines de sésame noir.

FROMAGE VÉGÉTAL À TARTINER

POUR 4-6 PERSONNES • PRÉPARATION : 10 MIN • TREMPAGE : 8-10 H
RÉFRIGÉRATION : 30 MIN

150 g de noix de cajou + Le jus de 1 citron jaune + 2 cuil. à soupe de purée de sésame ½ complet + 2 cuil. à soupe de sauce soja ou de tamari + 1 cuil. à soupe de vinaigre de cidre ½ cuil. à café de sel

Herbes fraîches : ciboulette, persil, menthe, paprika, piment d'Espelette, curry... (facultatif)
Poivre, baies roses, graines de sésame... (facultatif)

❒ Faites tremper dans un saladier rempli d'eau les noix de cajou pendant 8 à 10 heures. Égouttez-les, rincez-les, puis égouttez-les à nouveau.

❒ Placez-les dans le bol d'un robot avec le jus de citron, la purée de sésame, la sauce soja ou le tamari, le vinaigre de cidre, 5 cl d'eau et le sel. Mixez jusqu'à l'obtention d'une préparation homogène.

❒ Si vous le souhaitez, vous pouvez ajouter des herbes fraîches hachées ou des épices à ce fromage végétal : ciboulette, persil, menthe, paprika, piment d'Espelette, curry...

❒ Quand la préparation est homogène, transférez dans un bol et saupoudrez de poivre, de baies roses, de graines de sésame...

❒ Placez au réfrigérateur pour 30 minutes au moins avant de servir.

TARTINES À LA TOMATE, COURGETTE ET AVOCAT

POUR 6 TARTINES • PRÉPARATION : 10 MIN • CUISSON : 10 MIN

6 tranches de pain de campagne + 300 g de sauce tomate
1 courgette + 1 cuil. à soupe de levure maltée + 1 cuil. à soupe d'herbes de Provence
1 cuil. à soupe d'huile d'olive + 1 avocat bien mûr + 2 poignées de roquette ou de mâche
Une vingtaine de câpres

❒ Découpez le pain en grandes tranches, dans la longueur. Répartissez la sauce tomate sur les tranches de pain.

❒ Lavez la courgette et découpez-la en lamelles de 3 mm d'épaisseur, à la mandoline si possible. Répartissez-les sur la sauce tomate.

❒ Saupoudrez de levure maltée et d'herbes de Provence, arrosez d'huile d'olive.

❒ Préchauffez le four à 200 °C (th. 6-7). Déposez les tartines sur une plaque recouverte de papier sulfurisé et enfournez-les pour 10 minutes.

❒ Détaillez l'avocat en fines lamelles et répartissez-les sur les tartines bien chaudes.

❒ Garnissez également les tartines de roquette ou de mâche lavée et de câpres avant de servir.

HOUMOUS DE BEURRE DE CACAHUÈTE

POUR 4-5 PERSONNES • PRÉPARATION : 5 MIN

250 g de pois chiches cuits + 2 cuil. à soupe de beurre de cacahuète très peu sucré
2 cuil. à café de cumin moulu + Le jus de ½ citron + Sel, poivre
Piment d'Espelette (facultatif)

- Mettez les pois chiches dans le bol d'un mixeur avec le beurre de cacahuète, le cumin et le jus de citron.
- Mixez en ajoutant un filet d'eau, jusqu'à l'obtention d'une texture fine. Salez et poivrez.
- Ajoutez 1 pincée de piment d'Espelette si le cœur vous en dit.

Pour un houmous légèrement croquant, ajoutez quelques cacahuètes salées dessus avant de le servir.

TARTINES À L'AVOCAT

POUR 4 TARTINES • PRÉPARATION : 10 MIN

4 tranches de pain sans gluten + 2 avocats + 1 citron + Mayonnaise sans œufs
Mélange de graines (courge, tournesol, chia) + 1 cuil. à soupe d'huile d'olive
Sel, poivre + 1 grenade

- Pelez puis dénoyautez les avocats. Coupez-les en tranches et arrosez-les d'un filet de jus de citron. Faites griller les tranches de pain.
- Étalez la mayonnaise sur le pain, puis déposez les tranches d'avocat par-dessus. Parsemez de graines et d'un filet d'huile d'olive.
- Coupez les tartines en deux ou en trois. Finissez en assaisonnant et en parsemant les tartines de quelques arilles de grenade.

POIVRONS EN TARTINADE

POUR 30 PETITES TARTINES • PRÉPARATION : 15 MIN • CUISSON : 50 MIN

2 poivrons rouges, orange ou jaunes + 2 oranges + 250 g de tomates cerises
2 oignons rouges rouges épluchés + 2 gousses d'ail + 1 petit piment rouge
3-4 branches de basilic + 10 tiges de thym + 1 cuil. à soupe d'huile d'olive + Sel
30 tranches de pain baguette légèrement grillées

❒ Épluchez, égrenez et coupez en gros cubes les poivrons. Émincez les oignons. Coupez les tomates cerises et le piment en deux.

❒ Épluchez et hachez l'ail. Pelez les oranges et découpez-les en cubes.

❒ Mettez l'huile d'olive dans une poêle portée sur feu moyen, ajoutez l'oignon et l'ail, et laissez-les fondre sans colorer. Ajoutez alors les poivrons, remuez bien et laissez encore sur le feu pendant 5 minutes. Ajoutez le piment, les cubes d'orange, les tomates, la moitié des herbes et 10 cl d'eau, puis laissez compoter de 30 à 45 minutes.

❒ À la fin de la cuisson, les poivrons doivent être bien confits mais pas entièrement défaits. Retirez du feu, saupoudrez du reste d'herbes et salez si nécessaire.

❒ Servez avec de belles tranches de pain bien grillées sur lesquelles vous verserez un filet d'huile d'olive.

Une fois le pain grillé, n'hésitez pas à le frotter d'ail et à ajouter un trait d'huile d'olive ainsi que quelques fins zestes de citron… et une belle pincée de piment d'Espelette !

HOUMOUS DE LENTILLES CORAIL, CAROTTE ET CORIANDRE

POUR 4-5 PERSONNES • PRÉPARATION : 10 MIN • CUISSON : 15 MIN

200 g de lentilles corail cuites + 2 cuil. à soupe de tahin + 1 gousse d'ail épluchée
Le jus de 1 citron + 1 dizaine de feuilles de coriandre (ou 1 cuil. à café de coriandre moulue) + quelques-unes pour le topping + 4 carottes + Sel, poivre

❒ Épluchez et coupez les carottes en morceaux puis faites-les cuire dans une casserole d'eau bouillante pendant 15 minutes.

❒ Versez les lentilles corail dans le bol d'un mixeur (ou un saladier si vous utilisez un mixeur plongeant), ajoutez le tahin, l'ail, le jus de citron, la coriandre, du sel et du poivre.

❒ Ajoutez les morceaux de carotte cuits et mixez le tout jusqu'à obtenir une texture crémeuse. Goûtez et rectifiez l'assaisonnement si nécessaire.

❒ Servez dans un bol en disposant quelques feuilles de coriandre par-dessus le houmous.

Vous n'aimez pas la coriandre ? Remplacez-la par un peu de persil frais.

BRUSCHETTAS TOMATE-BASILIC

POUR 12 BRUSCHETTAS • PRÉPARATION : 10 MIN • CUISSON : 3 MIN

5 tomates allongées (roma) + Le jus de 1 citron vert + 12 fines tranches de pain ciabatta (ou pain de campagne) + 2 belles gousses d'ail + 1 bouquet de basilic ciselé
3 cuil. à soupe d'huile d'olive + Fleur de Sel, poivre

❒ Allumez le gril du four. Disposez les tranches de pain sur une plaque tapissée de papier sulfurisé et faites-les griller 2 à 3 minutes sous le gril chaud. Laissez-les refroidir hors du four.

❒ Pendant ce temps, coupez les tomates en deux, épépinez-les, puis coupez-les en petits dés.

❒ Pelez les gousses d'ail et frottez-en généreusement les tranches de pain grillées. Puis nappez celles-ci d'un filet d'huile d'olive. Répartissez-y les dés de tomate et le basilic ciselé.

❒ Arrosez les bruschettas avec le reste d'huile d'olive et un filet de jus de citron vert. Parsemez de fleur de sel et poivrez.

CRÈME D'AMANDES, CHOU KALE ET AVOCAT À TARTINER

POUR 4 PERSONNES • PRÉPARATION : 10 MIN

40 g de purée d'amandes + 3 branches de chou kale + 1 avocat bien mûr + Sel, poivre

- Pelez l'avocat et rincez les branches de chou kale.
- Dans un blender, mixez tous les ingrédients.
- Consommez à l'apéritif avec des légumes à croquer ou à étaler sur des tartines de pain grillées.

Il est possible d'ajouter des graines de sésame ou de courge à cette crème.

BRUSCHETTAS AUX CHAMPIGNONS

POUR 2 BRUSCHETTAS • PRÉPARATION : 15 MIN • CUISSON : 5 MIN

2 belles tranches de pain de campagne au levain + 250 g de champignons de Paris
1 cuil. à soupe d'huile d'olive + un peu pour le pain + 100 g de mâche
Pour l'assaisonnement : ½ cuil. à soupe de vinaigre de riz + 1 cuil. à soupe d'huile de colza
1 cuil. à soupe d'huile d'olive + ½ cuil. à soupe de jus de citron + 1 petite échalote + Sel

❒ Lavez et émincez les champignons ; faites-les revenir dans une poêle avec l'huile d'olive pendant 5 minutes (ou jusqu'à ce qu'ils aient réduit).

❒ Lavez et coupez le bout dur des tiges de la mâche. Préparez l'assaisonnement dans un saladier en mélangeant tous les ingrédients ; ajoutez la mâche.

❒ Passez au grille-pain les tranches de pain l'une après l'autre, puis arrosez-les d'un filet d'huile d'olive.

❒ Disposez sur chaque tartine un peu de salade de mâche et la moitié des champignons. Salez si nécessaire.

❒ Servez les bruschettas accompagnées du restant de mâche.

DIP DE CAROTTES À LA TOUAREG

POUR 4 PERSONNES • PRÉPARATION : 20 MIN • CUISSON : 25 MIN
RÉFRIGÉRATION : 1 H

500 g de carottes + 300 g d'oignons + 2 cuil. à soupe de cumin en poudre
½ cuil. à café de graines de cumin + 2 cuil. à soupe de vinaigre d'alcool coloré
8 cuil. à soupe d'huile d'olive + Sel, poivre

❒ Épluchez les carottes, coupez-les en rondelles, puis faites-les cuire dans un grand volume d'eau salée.

❒ Pendant ce temps, chauffez 2 cuillerées à soupe d'huile d'olive dans une poêle et faites-y dorer les oignons émincés jusqu'à ce qu'ils caramélisent. Salez et poivrez légèrement.

❒ Égouttez les carottes puis mixez-les en fine purée avec les oignons, le vinaigre, 6 cuillerées à soupe d'huile d'olive, le cumin en poudre et un peu de poivre. Il est essentiel d'assaisonner et de mixer les carottes à chaud pour obtenir une texture bien lisse.

❒ Laissez ensuite refroidir la préparation avant de la placer au minimum 1 heure au frais.

❒ Mélangez, puis versez le dip dans un bol et parsemez-le de graines de cumin.

HOUMOUS

POUR 4-6 PERSONNES • PRÉPARATION : 10 MIN • CUISSON : 2 MIN

250 g de pois chiches égouttés + 1 gousse d'ail coupée en deux + 3 cuil. à soupe de tahin
1 cuil. à soupe de jus de citron + 2 cuil. à soupe d'huile d'olive + 1 pincée de cumin en poudre
¼ de baguette de pain coupée en tranches + 1 pincée de paprika + Sel, poivre

❒ Mélangez les pois chiches, l'ail, le tahin, le jus de citron, l'huile d'olive, le cumin et 3 cuillerées à soupe d'eau.

❒ Salez et poivrez, puis passez le tout au blender jusqu'à obtenir une crème lisse.

❒ Passez les tranches de baguette au grille-pain et tartinez-les avec l'houmous.

❒ Ajoutez une pincée de paprika sur chacune d'elles.

TARTINADE DE FÈVES À L'ORIENTALE

POUR 6 PERSONNES • PRÉPARATION : 25 MIN • CUISSON : 15 MIN

300 g de fèves surgelées + 1 petite courgette lavée et coupée en petits dés
1 oignon pelé et haché + 1 gousse d'ail pelée et hachée + 1 pincée de cumin en poudre
1 pincée de cannelle en poudre + 1 pincée de piment en poudre + 1 cuil. à café d'huile d'olive
5 brins de persil plat, rincés, effeuillés, hachés + 5 brins de coriandre rincés, effeuillés, hachés + Sel, poivre

❒ Faites cuire les fèves 8 minutes à l'eau bouillante salée, égouttez-les et enlevez la pellicule fibreuse qui les entoure.

❒ Étalez les dés de courgette sur une assiette, couvrez de film étirable et faites cuire 3 minutes au four à micro-ondes, puis égouttez-les.

❒ Versez les fèves, les dés de courgette, l'ail, l'oignon et les épices dans un blender. Mixez quelques secondes pour obtenir un mélange lisse.

❒ Ajoutez à la purée de fèves l'huile d'olive et les herbes hachées. Salez et poivrez. Servez frais.

CAPONATA

POUR 6 TARTINES • PRÉPARATION : 10 MIN • CUISSON : 20 MIN

6 tranches de pain grillées + 2 aubergines coupées en cubes + 2 branches de céleri coupées en petits tronçons + 1 oignon coupé en cubes + 250 g de tomates coupées en cubes
16 olives vertes coupées en rondelles + 1 cuil. à soupe de câpres + 2 branches de basilic
3 cuil. à soupe d'huile d'olive

- Faites revenir 6 minutes dans une sauteuse le céleri et l'oignon avec 2 cuillerées à soupe d'huile d'olive.
- Ajoutez les aubergines et laissez cuire 6 minutes à couvert.
- Versez les tomates et poursuivez la cuisson 6 minutes à couvert en remuant de temps en temps.
- Ajoutez les câpres et les olives et remuez sur le feu pendant 1 minute à découvert.
- Badigeonnez les tranches de pain avec l'huile d'olive restante.
- Déposez la caponata sur les tranches de pain et terminez en déposant les feuilles de basilic par-dessus.

HOUMOUS LÉGER AUX POIVRONS ET TOMATES CONFITES

POUR 4 PERSONNES • PRÉPARATION : 10 MIN • CUISSON : 30 MIN • REPOS : 30 MIN

2 poivrons jaunes ou rouges + 150 g de pois chiches cuits et égouttés + 1 gousse d'ail
8 tomates confites + ½ citron + 1 cuil. à soupe d'huile d'olive + Sel, poivre

❐ Préchauffez le four à 200 °C (th. 6-7).

❐ Déposez les poivrons dans un plat à four, enfournez-les pour 30 minutes. 10 minutes avant la fin, ajoutez la gousse d'ail non pelée (en chemise).

❐ Mettez les poivrons et l'ail dans un saladier et couvrez-le. Laissez refroidir minimum 30 minutes.

❐ Pelez et épépinez les poivrons. Pelez l'ail. Pressez le citron. Mettez tous les ingrédients dans le bol d'un robot mixeur et mixez jusqu'à obtention d'une consistance lisse. Rectifiez l'assaisonnement et réservez au frais.

Utilisez l'huile des tomates confites plutôt qu'une huile d'olive classique et ajoutez un bouquet de basilic frais pour des saveurs estivales et méditerranéennes.

BRUSCHETTAS HARICOTS BLANCS-CHAMPIGNONS

POUR 8 BRUSCHETTAS • PRÉPARATION : 20 MIN • CUISSON : 10 MIN

1 boîte de haricots blancs cuits de 400 g + 4 cuil. à soupe d'huile d'olive
1 cuil. à café de jus de citron + 20 champignons bruns + 8 tranches de pain de campagne
1 cuil. à café de feuille de thym + Sel, poivre

❒ Égouttez les haricots blancs et placez-les dans le bol d'un robot mixeur avec 3 cuillerées à soupe d'huile d'olive, une pincée de sel, une pincée de poivre et le jus de citron. Mixez jusqu'à l'obtention d'un mélange bien lisse.

❒ Retirez les pieds des champignons, nettoyez-les et coupez-les en tranches fines.

❒ Chauffez une poêle avec l'huile d'olive restante et faites revenir les champignons avec le thym, une pincée de sel et une pincée de poivre. Laissez cuire en remuant de temps en temps pendant 10 minutes environ.

❒ Pendant ce temps, grillez les tranches de pain de campagne. Tartinez celles-ci avec le mélange aux haricots blancs et parsemez de champignons poêlés. Servez à température ambiante.

GALETTES DE RIZ AU FROMAGE VÉGÉTAL

POUR 8 GALETTES DE RIZ • PRÉPARATION : 15 MIN • TREMPAGE : 30 MIN
RÉFRIGÉRATION : 1 NUIT

8 galettes de riz + 4 figues + 1 poignée de graines germées
Pour le fromage végétal : 1 tasse de noix de cajou + 2 cuil. à soupe de levure (par exemple levure de bière) + 2 cuil. à soupe de jus de citron + 1 cuil. à café de vinaigre de cidre
1 gousse d'ail pelée + 1 pincée de sel

❒ Réalisez le fromage végétal en commençant par faire tremper les noix de cajou 30 minutes dans de l'eau. Rincez-les et égouttez-les. Versez-les avec tous les ingrédients et 2 cuillerées à soupe d'eau dans le bol d'un robot ; mixez le tout jusqu'à l'obtention d'une pâte crémeuse. Transférez-la dans un saladier et placez au réfrigérateur pour 1 nuit minimum.

❒ Rincez les figues et coupez-les en deux, puis de nouveau en deux dans le sens de la longueur.

❒ Tartinez le fromage végétal sur les galettes de riz, ajoutez 1 morceau de figue, des graines germées et dégustez !

HOUMOUS AUX FÈVES EDAMAME

POUR 4-5 PERSONNES • PRÉPARATION : 20 MIN

250 g de pois chiches cuits + 400 g de fèves edamame + 1 cuil. à soupe de tahin
3 cuil. à soupe d'huile d'olive + 1 cuil. à soupe d'huile de sésame grillé
1 cuil. à café de piment d'Espelette + Gros sel + Le jus de 1 citron
1 cuil. à soupe de ciboulette fraîche

❒ Écossez tout d'abord les fèves edamame et réservez-les dans un bol. Si elles sont surgelées et que vous les avez cuites à la vapeur, attendez qu'elles refroidissent avant de les mixer.

❒ Mixez, dans un saladier, les pois chiches aux fèves edamame. Ajoutez ensuite, progressivement, le tahin, le piment d'Espelette, l'huile d'olive et l'huile de sésame.

❒ Ajoutez le jus de citron et une pincée de sel puis mixez à nouveau. À la fin seulement, ajoutez la ciboulette fraîche finement ciselée.

Au moment d'écosser les fèves, réservez-en quelques-unes pour le dressage final, pour décorer le houmous avant de servir.

TARTINES DE CONFIT D'OIGNONS AU POULET GRILLÉ

POUR 4 TARTINES • PRÉPARATION : 10 MIN • CUISSON : 5 MIN

2 blancs de poulet grillés + 2 belles tomates coupées en rondelles + 4 grandes tranches de pain de campagne au levain + 4 cuil. à soupe de confit d'oignons

Pour la sauce aux herbes : 1 cuil. à café de jus de citron + 1 cuil. à soupe de basilic ciselé 1 cuil. à soupe de menthe ciselée + 2 cuil. à soupe d'huile d'olive

❒ Émincez les blancs de poulet en lamelles. Disposez les tranches de pain de campagne dans le grille-pain et toastez-les.

❒ Préparez la sauce aux herbes en mélangeant tous les ingrédients dans un bol.

❒ Étalez 1 cuillérée à soupe de confit d'oignons sur chaque tranche de pain grillée. Ajoutez quelques lamelles de poulet et des rondelles de tomate, puis assaisonnez avec un peu de sauce. Servez aussitôt.

CROSTINIS BRIOCHÉS

POUR 4 CROSTINIS • PRÉPARATION : 5 MIN • CUISSON : 5 MIN

4 belles tranches de brioche non sucrée + 4 tranches de jambon de Parme (ou Serrano) 50 g de roquette + 4 figues fraîches + 1 cuil. à soupe de pignons de pin + 2 cuil. à soupe d'huile d'olive + 1 cuil. à café de vinaigre balsamique + Sel, poivre

❒ Préparez la salade. Coupez les figues en tranches épaisses.

❒ Faites légèrement griller les tranches de brioche des deux côtés, au grille-pain ou sous le gril du four.

❒ Mélangez l'huile et le vinaigre balsamique dans un petit saladier et fouettez pour bien les émulsionner. Trempez un pinceau dedans et badigeonnez rapidement les tranches de brioche, sans insister pour ne pas les ramollir.

❒ Mettez la roquette dans le reste de la vinaigrette, salez, poivrez et mélangez bien. Répartissez la salade sur les tranches de brioche, puis étalez le jambon et disposez les tranches de figue. Terminez en parsemant quelques pignons sur chaque tartine.

TERRINE DE FOIES DE VOLAILLE

POUR 10 PERSONNES • PRÉPARATION : 30 MIN • CUISSON : 1 H 20
MARINADE : 1 H • RÉFRIGÉRATION : 48 H

350 g de foies de volaille + 180 g de poitrine de porc + 200 g de chair à saucisse
150 g de barde + 150 g de crépine de porc + 3 feuilles de laurier + 1 branche de thym frais
1 gousse d'aïl hachée + 1 tranche de pain de mie + 1 cuil. à soupe d'armagnac
1 cuil. à café de porto + 1 cuil. à café de noix de muscade râpée + 1 cuil. à café de vinaigre de xérès + Sel, poivre

❐ Dénervez les foies de volaille et coupez-les en quatre, puis mixez la moitié avec la tranche de pain sans la croûte. Coupez la poitrine de porc fraîche, sans la couenne, en dés, puis hachez-les grossièrement dans le bol d'un robot. Préparez la marinade : mélangez dans un saladier l'armagnac, le porto, le vinaigre de xérès, l'ail, la muscade, le thym effeuillé, 2 feuilles de laurier, le sel et le poivre.

❐ Préchauffez le four à 170 °C (th. 5-6).

❐ Dans un plat, mélangez toutes les viandes hachées avec les foies de volaille et la marinade. Couvrez et conservez 1 heure au réfrigérateur. Tapissez le fond d'une terrine avec la barde. Déposez la farce, tassez avec la paume de la main, posez la troisième feuille de laurier, recouvrez avec la crépine et glissez les bords à l'intérieur de la terrine.

❐ Posez la terrine dans un plat contenant de l'eau chaude (cuisson au bain-marie) et enfournez pour 1 h 20. Sortez la terrine du four et laissez refroidir à température ambiante. Recouvrez ensuite d'un film alimentaire et conservez au réfrigérateur pendant 48 heures.

❐ Servez la terrine avec de petits cornichons et quelques tranches de bon pain.

ESCARGOTS EN PERSILLADE

POUR 8 TARTINES • PRÉPARATION : 30 MIN • CUISSON : 20 MIN

8 grandes rondelles de pain (baguette) + 100 g de beurre + 3 gousses d'aïl
1 demi-bouquet de persil plat + 1 oignon + 2 petites aubergines, de forme allongée
200 g (poids net égoutté) d'escargots en boîte au naturel
2 cuil. à soupe de chapelure brune + 1 cuil. à soupe d'huile d'olive + 1 cuil. à café de cannelle
1 cuil. à café de piment en poudre + Sel, poivre

❒ Égouttez les escargots, rincez-les, salez et poivrez. Réservez-les dans une passoire tapissée de papier absorbant. Effeuillez et ciselez le persil. Pelez les gousses d'ail. Pelez et émincez finement l'oignon. Lavez et pelez les aubergines, taillez-les en petits dés.

❒ Réunissez dans le bol d'un mixeur les gousses d'ail, le persil, le beurre ramolli et la chapelure. Mixez en ajoutant un peu de sel. Récupérez ce beurre sur un carré de papier aluminium, roulez-le en boudin et réservez-le au frais.

❒ Faites chauffer l'huile dans une sauteuse, ajoutez l'oignon et faites-le revenir pendant 2 minutes. Ajoutez les dés d'aubergine, salez et remuez 2 à 3 minutes. Ajoutez 10 cl d'eau, la cannelle et le piment. Laissez cuire sur feu assez vif pendant 10 minutes. Mixez et rectifiez l'assaisonnement.

❒ Tartinez les rondelles de pain avec la purée d'aubergines. Répartissez les escargots dessus, ajoutez une rondelle de beurre d'escargot et déposez ces pinchos sur la plaque du four. Faites cuire 4 minutes à 200 °C (th. 6-7). Servez aussitôt.

RILLETTES DE CANARD

POUR 6 BOCAUX DE 25 CL • PRÉPARATION : 30 MIN • CUISSON : 3-4 H
RÉFRIGÉRATION : 12 H + 12 H

1 kg de morceaux de canard gras (cuisses ou manchons) + 500 g de graisse de canard
3 gousses d'ail pelées + 1 feuille de laurier + 1 branche de thym + 6 cuil. à soupe de gros sel
Sel, poivre

❒ Coupez les morceaux de canard en deux ou trois s'ils sont très gros. Mettez-les dans un plat creux, parsemez-les de gros sel et laissez reposer 12 heures au réfrigérateur.

❒ Le lendemain, rincez rapidement les morceaux à l'eau fraîche pour éliminer le sel, puis épongez-les avec soin.

❒ Faites fondre la graisse à feu très doux dans une cocotte, ajoutez les morceaux de canard, l'ail, le thym et le laurier. Laissez cuire tout doucement pendant 3 ou 4 heures, en restant à la limite du frémissement, jusqu'à ce que la chair se défasse facilement.

❒ Versez le contenu de la cocotte dans une passoire posée sur un saladier.

❒ Enlevez l'ail et les herbes, puis retirez la peau des morceaux de canard et détachez la viande des os. Effilochez-la au fur et à mesure dans un petit saladier.

❒ En travaillant le mélange avec une spatule en bois, incorporez progressivement juste assez du jus et de graisse de cuisson à la viande pour obtenir une consistance homogène et une texture pas trop fine où restent des petits morceaux. Goûtez, assaisonnez et mélangez à nouveau.

❒ Remplissez des petits bocaux en tassant bien et laissez refroidir. Versez une fine couche de graisse fondue en surface, couvrez et mettez au réfrigérateur pour 12 heures minimum.

PAN CATALAN

POUR 12 TARTINES • PRÉPARATION : 30 MIN • CUISSON : 2-3 MIN

12 grandes tranches assez fines de jambon Serrano + 24 tranches de 10 x 5 cm environ de pain de campagne + 4 gousses d'aïl + 6 tomates + 10 cl environ d'huile d'olive
Sel, poivre

❒ Passez rapidement les tranches de pain au four à chaleur moyenne juste pour les sécher légèrement. Pelez les gousses d'ail. Recoupez les tranches de jambon en deux. Lavez et essuyez les tomates. Coupez-les en rondelles régulières, sans prendre les chapeaux.

❒ Humectez les tranches de pain avec un peu d'huile, puis frottez-les généreusement avec les gousses d'ail sur une seule face. Répartissez dessus les tranches de tomate en les écrasant légèrement avec une spatule, pour que le jus pénètre un peu dans le pain. Arrosez d'un filet d'huile, salez, poivrez et déposez ensuite par-dessus une demi-tranche de jambon Serrano. Servez aussitôt.

Vous pouvez enrichir ces tranches de pan catalan en ajoutant sur le jambon quelques très fines lamelles de manchego (tomme de brebis). Éventuellement passez-les sous le gril, juste pour faire fondre le fromage sur le jambon.

TARTINES AU JAMBON DE PARIS ET SAUCE MOUTARDE

POUR 4 TARTINES • PRÉPARATION : 15 MIN • CUISSON : 2 MIN

4 tranches de pain de campagne + 2 tranches un peu épaisses de jambon de Paris
16 pétales de tomate confite à l'huile + 100 g de comté
1 cuil. à soupe de moutarde à l'ancienne + 1 cuil. à soupe de mayonnaise + Poivre

❒ Faites griller pendant 2 minutes les tranches de pain au grille-pain ou sous le gril du four.

❒ Égouttez les tomates confites.

❒ À l'aide d'un couteau économe, coupez le comté en fines lamelles. Détaillez le jambon en allumettes d'environ 0,5 cm de large.
Dans un saladier, mélangez les tomates, le jambon et le comté.

❒ Dans un bol, mélangez la moutarde et la mayonnaise. Tartinez chaque tranche de pain de ce mélange. Déposez dessus le mélange tomate, jambon, fromage. Poivrez et servez.

FOIE GRAS AU PAIN D'ÉPICE

POUR 4 PERSONNES • PRÉPARATION : 5 MIN • CUISSON : 30 S • REPOS : 24 H

150 g de foie gras cru + Sel, poivre + Pain d'épice

- ❒ Coupez le foie gras cru en tranches dans la largeur, puis chaque tranche en deux. Salez et poivrez.
- ❒ Tassez les tranches les unes sur les autres dans un bocal de 12 cl fermant avec un couvercle.
- ❒ Mettez le bocal ouvert au four à micro-ondes et faites cuire trois fois 10 secondes à 900 watts. Le gras doit alors apparaître à hauteur des tranches de foie.
- ❒ Fermez le bocal et mettez-le au réfrigérateur une journée minimum.
- ❒ Servez avec des tranches de pain d'épice coupées à l'emporte-pièce.

Pain d'épice ou pain aux fruits secs, à vous de choisir !

RILLETTES D'AGNEAU À L'ORIENTALE

POUR 8-10 PERSONNES • PRÉPARATION : 30 MIN • CUISSON : 3 H

1 kg d'épaule d'agneau désossée + 1 oignon + Quelques brins de coriandre
3 gousses d'ail + 50 g de raisins secs + ½ cuil. à café de curcuma en poudre
1 grosse pincée de gingembre en poudre + 1 cuil. à soupe de paprika doux en poudre
1 cuil. à soupe de cumin en poudre + 1 cuil. à café de coriandre en poudre
¼ cuil. à café de cannelle en poudre + 1 pincée de pistils de safran + 3 cuil. à soupe d'huile d'olive + Sel, poivre

❒ Épongez bien la viande et coupez-la en cubes de 3 cm.

❒ Épluchez et émincez l'oignon. Pelez les gousses d'ail et laissez-les entières.

❒ Versez l'huile dans une cocotte. Étalez l'oignon dans le fond et posez la viande dessus. Saupoudrez les épices, parsemez les raisins, salez et poivrez. Ajoutez les gousses d'ail et la coriandre.

❒ Versez juste assez d'eau pour recouvrir la viande, puis amenez à petits frémissements, à feu très doux. Couvrez et laissez cuire 3 heures environ, jusqu'à ce que la viande se défasse spontanément et qu'il ne reste plus qu'un jus épais. Remuez de temps en temps et ajoutez un peu d'eau si l'évaporation est trop forte.

❒ Retirez les gousses d'ail et la coriandre. Récupérez la viande, l'oignon et les raisins à l'aide d'une écumoire et mettez-les dans un grand bol.

❒ Ajoutez ½ louche du jus de cuisson, puis mélangez vivement à la spatule ou à la fourchette, jusqu'à ce que la viande s'effiloche. Goûtez, rectifiez l'assaisonnement et remuez à nouveau.

❒ Mettez en terrine ou dans des petits pots individuels.

❒ Servez à température ambiante, avec de la pita.

TARTINES AU SPECK, OLIVES NOIRES ET PROVOLONE

POUR 4 TARTINES • PRÉPARATION : 10 MIN • CUISSON : 2 MIN

4 tranches de pain de campagne + 8 tranches de speck assez fines + 150 g de provolone
60 g d'olives noires dénoyautées + 4 cuil. à café de pesto de tomate + Poivre

❒ Faites griller pendant 2 minutes les tranches de pain au grille-pain ou sous le gril du four.

❒ Hachez les olives le plus finement possible. Détaillez le provolone en petits cubes et mélangez-les aux olives.

❒ Tartinez les tranches de pain de pesto de tomate. Déposez sur chaque tartine 2 tranches de speck. Recouvrez du mélange fromage-olives et poivrez.

RILLETTES DE LAPIN, FRUITS SECS ET FRUITS SÉCHÉS

POUR 6-12 TARTINES • PRÉPARATION : 30 MIN • CUISSON : 4 H
RÉFRIGÉRATION : 12 H

1 lapin de 1,5 kg environ + 300 g de poitrine de porc désossée + 2 oignons + 1 bouquet garni
½ cuil. à café de quatre-épices + 40 cl de vin blanc sec + 300 g de saindoux + 6 grandes tranches (ou 12 petites) de pain aux noix + 100 g de noisettes + 100 g d'amandes effilées
100 g de petits raisins secs sans pépins + 1 sachet de chips de pomme + Sel, poivre

❒ Coupez le lapin en morceaux et la viande de porc en cubes. Pelez et émincez les oignons. Mettez-les dans une cocotte en fonte, ajoutez le bouquet garni et le quatre-épices, salez et poivrez. Ajoutez le vin et complétez avec un peu d'eau pour couvrir juste à hauteur.

❒ Portez à ébullition, couvrez, baissez le feu et laissez cuire pendant 4 heures environ. Versez le contenu de la cocotte dans une passoire et réservez le bouillon. Désossez les morceaux de lapin, mettez-les dans un saladier en les effilochant et en les mélangeant avec les morceaux de viande et les oignons.

❒ Faites fondre 200 g de saindoux et versez-le dans le saladier en ajoutant 3 cuillerées à soupe de bouillon. Travaillez le mélange pendant 5 minutes, puis versez-le dans une terrine de service. Faites fondre le reste du saindoux et versez-le sur le dessus. Laissez refroidir complètement et placez au réfrigérateur jusqu'au lendemain.

❒ Tartinez les tranches de pain aux noix avec les rillettes de lapin. Concassez grossièrement les noisettes et les amandes, parsemez-les dessus, puis garnissez avec les raisins secs et les chips de pomme.

TARTINES GRILLÉES DE POULET GRIBICHE

POUR 4 TARTINES • PRÉPARATION : 15 MIN

200 g de poulet rôti + 4 tranches de pain de campagne + 1 œuf dur + 2 ou 3 cornichons
1 cuil. à soupe de mayonnaise + ¼ de cuil. à café de moutarde mi-forte
2 cuil. à soupe de yaourt à la grecque + 1 cuil. à soupe de cerfeuil ou de ciboulette ciselée
Quelques feuilles de laitue + Quelques pluches de cerfeuil pour décorer + Sel, poivre

❒ Faites dorer les tranches de pain des deux côtés dans un grille-pain. Écalez et hachez l'œuf. Ciselez les feuilles de laitue. Hachez finement les cornichons au couteau.

❒ Effilochez la chair de poulet à la fourchette ou entre les doigts, comme pour faire des rillettes, ou coupez-la en petites lamelles.

❒ Dans un petit saladier, mélangez la moutarde, la mayonnaise et le yaourt. Goûtez et assaisonnez. Ajoutez les lamelles de poulet, les cornichons et les herbes, et remuez bien.

❒ Recouvrez les tartines grillées de salade ciselée, puis garnissez de poulet. Parsemez d'œuf dur haché et décorez de pluches de cerfeuil.

TARTINES AU RADIS NOIR ET AUX RILLETTES D'OIE

POUR 6 TARTINES • PRÉPARATION : 25 MIN

200 g de rillettes d'oie + 6 tranches longues de pain aux céréales + 1 radis noir
6 cornichons + 2 cuil. à soupe de fromage frais + 2 cuil. à soupe de câpres
1 cuil. à soupe de moutarde blanche

❒ Écroûtez les tranches de pain aux céréales et retaillez-les en rectangles allongés de 14 cm de long sur 3 ou 4 cm de large.

❒ Hachez grossièrement les câpres, puis mélangez-les avec la moutarde et le fromage frais. Pelez le radis noir et coupez-le en rondelles régulières, très fines.

❒ Faites légèrement toaster les languettes de pain. Détaillez les cornichons en rondelles.

❒ Tartinez les languettes de pain avec le mélange aux câpres, garnissez avec les lamelles de radis noir en les faisant se chevaucher, puis étalez sur le dessus les rillettes d'oie.

❒ Décorez avec les rondelles de cornichon et servez aussitôt.

RILLETTES DE VEAU À L'ESTRAGON

POUR 8-10 PERSONNES • PRÉPARATION : 30 MIN • CUISSON : 2 H 40
RÉFRIGÉRATION : 2 H

10 cl de crème fraîche épaisse + 40 g de beurre + 1 kg de veau (tendron ou collier)
1 oignon + 1 carotte + 20 feuilles d'estragon environ + 2 clous de girofle + 2 cuil. à soupe d'huile (maïs ou tournesol) + Sel, poivre

❒ Épluchez l'oignon et piquez-le des clous de girofle. Pelez et lavez la carotte.

❒ Ciselez la moitié de l'estragon.

❒ Coupez le veau en cubes de 3 ou 4 cm, en éliminant une partie du gras et les cartilages.

❒ Chauffez l'huile dans une cocotte et faites rissoler les morceaux de veau 2 ou 3 minutes, en remuant pour qu'ils dorent légèrement.

❒ Ajoutez le beurre, les feuilles d'estragon entières, la carotte, l'oignon, salez et poivrez. Laissez mijoter encore 5 minutes à feu doux.

❒ Versez juste assez d'eau pour recouvrir la viande, amenez à petits frémissements, puis couvrez et faites cuire 2 heures 30 à feu très doux.

❒ Découvrez à mi-cuisson pour qu'il ne reste qu'un jus épais.

❒ Récupérez la viande avec une écumoire et posez-la sur un plat. Effilochez-la dans un grand bol.

❒ Ajoutez l'estragon ciselé, une petite louche de jus de cuisson et la crème. Travaillez le mélange à la fourchette ou à la spatule pour écraser la viande et bien homogénéiser l'ensemble.

❒ Goûtez, rectifiez l'assaisonnement et mélangez à nouveau.

❒ Laissez reposer 2 heures au réfrigérateur avant de servir.

TOASTS ROQUEFORT, LARD, FENOUIL ET MIEL

POUR 4-8 TOASTS • PRÉPARATION : 15 MIN • CUISSON : 10 MIN

8 tranches de pain de mie aux noix + 180 g de roquefort + 100 g de crème fraîche épaisse
14 tranches de lard fumé + 80 g de fenouil + 30 g d'oignons + 2 cuil. à café de miel liquide
4 cuil. à café de moutarde à l'ancienne

❒ Lavez et râpez le fenouil sur une grille à gros trous. Pelez et émincez finement les oignons.

❒ Coupez le roquefort en fines tranches. Faites revenir le lard à la poêle, laissez reposer sur du papier absorbant, puis coupez les tranches en deux tronçons.

❒ Mélangez la crème avec la moutarde et le miel.

❒ Préchauffez le four à 180 °C (th. 6) et faites griller les tranches de pain de mie 5 minutes d'un seul côté. Le pain doit être croustillant mais rester moelleux.

❒ Tartinez les tranches de pain avec la sauce au miel. Répartissez les oignons sur la moitié des pains, ajoutez le roquefort, le lard, le fenouil et arrosez d'une cuillerée à café de sauce. Recouvrez des pains restants et tassez légèrement. Dégustez les sandwichs entiers ou coupés en deux dans la longueur.

TARTINES À LA COPPA, TOMATES CERISES ET MOZZARELLA

POUR 4 TARTINES • PRÉPARATION : 15 MIN • CUISSON : 3 MIN

4 tranches de pain aux céréales + 8 tranches de coppa assez fines
20 tomates cerises + 150 g de mozzarella
1 cuil. à soupe d'huile d'olive + 4 cuil. à soupe de pesto de tomate + Poivre

❒ Faites griller pendant 2 minutes les tranches de pain au grille-pain ou sous le gril du four.

❒ Passez les tomates cerises sous l'eau et coupez-les en deux. Dans un saladier, mélangez-les avec l'huile d'olive et poivrez.

❒ Détaillez la mozzarella en mini-lamelles assez fines. Tartinez chaque tranche de pain de pesto de tomate, recouvrez de coppa, puis ajoutez des tomates cerises et, dessus, des lamelles de mozzarella.

❒ Passez 1 minute au gril. Sortez les tartines, poivrez et servez.

RILLETTES DE POULET AU CURRY

POUR 4 PERSONNES • PRÉPARATION : 5 MIN • CUISSON : 10 MIN
RÉFRIGÉRATION : 30 MIN

1 escalope de poulet + 2 cuil. à café de pâte de curry doux + 30 g de lentilles corail
1 cube de bouillon de volaille + 3 cuil. à soupe de crème de coco
1 cuil. à soupe de coriandre ciselée + Sel, poivre

❒ Dans une casserole, portez à ébullition 50 cl d'eau, le curry et le cube de bouillon de volaille. Ajoutez le poulet coupé en morceaux et les lentilles corail. Faites cuire 10 minutes à feu moyen.

❒ Égouttez et mixez finement avec la crème de coco et la coriandre. Salez, poivrez. Rectifiez l'assaisonnement si nécessaire. Réservez au frais jusqu'à l'heure de l'apéro.

CROSTINIS AUX FOIES DE VOLAILLE

POUR 8 CROSTINIS • PRÉPARATION : 20 MIN • CUISSON : 15 MIN

250 g de foies de volaille + 2 échalotes + 1 gousse d'ail + 50 g de beurre
1 cuil. à soupe de concentré de tomate + 2 cuil. à soupe d'huile d'olive + 10 cl de vin blanc sec
1 cuil. à café de pâte d'anchois + 1 bâtard au levain + Sel, poivre

❒ Pelez et émincez finement les échalotes et la gousse d'ail. Faites chauffer 20 g de beurre dans une casserole à fond épais. Nettoyez les foies de volaille et coupez-les en morceaux. Ajoutez-les dans la casserole et mélangez. Salez et poivrez. Faites cuire pendant 10 minutes environ, en remuant.

❒ Ajoutez le concentré de tomate, le vin blanc et le reste du beurre en parcelles. Mélangez à nouveau jusqu'à consistance homogène et laissez mijoter pendant 3 minutes environ. Retirez du feu, puis incorporez l'huile d'olive et la pâte d'anchois. Goûtez et rectifiez l'assaisonnement.

❒ Découpez le bâtard en tranches régulières et rangez-les sur la grille du four ; passez-les pendant quelques minutes sous le gril jusqu'à ce qu'elles soient bien dorées.

❒ Garnissez-les de la préparation aux foies de volaille ; poivrez de nouveau et servez aussitôt.

TARTINES GRILLÉES DE TARTARE DE CANARD

POUR 25 TARTINES ENVIRON • PRÉPARATION : 30 MIN
RÉFRIGÉRATION : 1 H

2 magrets de canard + ½ blanc de poireau + 1 échalote + 15 branches de ciboulette
½ botte de coriandre + 4 g de gingembre frais + 1 cuil. à café de miel liquide
1 cuil. à soupe de moutarde + 1 cuil. à café de sauce soja + 1 cuil. à soupe de vinaigre balsamique + 10 cl d'huile de noisette + 10 cl d'huile de sésame
½ cuil. à café de piment d'Espelette + Sel, poivre + 25 tranches de pain (baguette)

❒ Détaillez les magrets de canard en tout petit dés. Lavez le poireau, la ciboulette et la coriandre, puis séchez-les. Épluchez l'échalote. Ciselez finement le poireau, l'échalote, la ciboulette et la coriandre (en conservant 25 petites feuilles pour la décoration). Râpez le gingembre.

❒ Préparez la vinaigrette : dans un saladier, mélangez le sel, le poivre, la moutarde, le vinaigre, le miel, la sauce soja, le piment d'Espelette et les huiles. Dans un plat, mélangez le magret avec le poireau, la ciboulette, l'échalote, la coriandre et le gingembre. Versez la moitié de la vinaigrette sur les magrets et mélangez. Goûtez et ajustez la quantité de vinaigrette selon votre goût. Conservez au réfrigérateur pendant 1 heure afin de permettre aux parfums de se mêler.

❒ Présentez le tartare sur des tranches de baguette très finement coupées et grillées.

TARTINES AUX TOMATES CONFITES, PESTO DE TOMATE ET JAMBON DE PARME

POUR 4 TARTINES • PRÉPARATION : 15 MIN • CUISSON : 2 MIN

4 tranches de pain de campagne + 20 lamelles fines de jambon de Parme
16 pétales de tomate confite à l'huile
4 cuil. à café de pesto de tomate + 1 gousse d'ail + Poivre

❒ Faites griller pendant 2 minutes les tranches de pain au grille-pain ou sous le gril du four.

❒ Épluchez la gousse d'ail, coupez-la en deux et ôtez le germe. Frottez les tartines avec l'ail. Tartinez-les de pesto de tomate et recouvrez de lamelles de jambon. Déposez sur chacune 4 pétales de tomate confite et poivrez. Servez aussitôt.

FOIE GRAS À LA PLANCHA

POUR 24 TARTINES • PRÉPARATION : 10 MIN • CUISSON : 2 À 3 MIN

600 g de foie gras mi-cuit de canard en un seul morceau
24 rondelles assez épaisses de pain (baguette) + 500 g de gros grains de raisin muscat blanc
1 cuil. à soupe d'huile de maïs + Sel, poivre

❒ Découpez le foie gras de canard en 12 tranches épaisses en vous servant d'un couteau bien aiguisé trempé à intervalles réguliers dans de l'eau très chaude. Retaillez ces tranches en deux. Salez-les et poivrez-les. Réservez-les au frais sur un plateau couvert de papier aluminium. Lavez et essuyez les grains de raisin.

❒ Faites chauffer une plancha en la badigeonnant d'huile. Quand elle est bien chaude, posez dessus les grains de raisin et les morceaux de foie gras. Comptez 2 à 3 minutes de cuisson en les retournant sans arrêt. Salez et poivrez.

❒ Répartissez les grains de raisin et les morceaux de foie gras sur les rondelles de pain en creusant la mie pour y verser un peu de la graisse de canard récupérée à la cuillère.

N'hésitez pas à varier les plaisirs en remplaçant les grains de raisin par des lamelles de pomme ou de poire, des demi-figues ou encore des quartiers de pêche jaune.

TARTINES AU MIEL, VIANDE SÉCHÉE ET CITROUILLE

POUR 4 PERSONNES • PRÉPARATION : 35 MIN • RÉFRIGÉRATION : 48 H
REPOS : 1 H • CUISSON : 35 MIN

1 magret de canard + 1 kg de gros sel + 1 cuil. à soupe d'herbes de Provence
Piment d'Espelette + 1 sachet de levure boulangère + 1 pincée de sucre en poudre
40 g de miel + 100 g de farine de blé complet + 3 pincées de sel + 3 cuil. à soupe d'huile végétale + 320 g de farine T45 + 200 g de citrouille + 100 g de roquefort

❒ Mélangez dans un plat le gros sel et les herbes de Provence. Déposez le magret (peau vers le haut) sur la moitié de ce sel et recouvrez-le du sel restant. Recouvrez d'un film alimentaire et placez-le pour 24 heures au réfrigérateur. Le lendemain, rincez-le et essuyez-le. Assaisonnez de piment d'Espelette et d'herbes de Provence, enroulez dans un torchon et replacez au frais pour 24 heures.

❒ Préchauffez le four à 190 °C (th. 6-7). Versez la levure et le sucre dans 5 cl d'eau tiède et laissez se développer pendant 10 minutes. Versez la levure, 17 cl d'eau tiède et le miel dans un saladier, puis mélangez. Incorporez la farine complète, le sel et l'huile, puis la farine T45 petit à petit. Pétrissez pendant 10 minutes.

❒ Placez la pâte dans un saladier huilé et couvrez d'un linge humide. Laissez lever dans un endroit chaud pendant 40 minutes. Dégazez la pâte, puis laissez-la lever 20 minutes. Enfournez la pâte pour 25 minutes.

❒ Épluchez et taillez la citrouille en petits cubes. Placez-les dans une casserole d'eau salée, puis montez à ébullition pendant 1 minute. Égouttez-les et réservez.

❒ Déposez sur une tranche de pain au miel quelques dés de citrouille et quelques morceaux de roquefort. Enfournez à 180 °C (th. 6) pour 8 minutes, puis ajoutez quelques tranches de magret séché.

BRUSCHETTAS DE CRABE ET SAUCE SOJA

POUR 4 BRUSCHETTAS • PRÉPARATION : 15 MIN • CUISSON : 5 MIN

2 tomates + 1 courgette + 4 oignons nouveaux + 150 g de miettes de crabe
4 tranches de pain de campagne + Le jus de 1 citron jaune + 1 cuil. à soupe de sauce soja salée
1 cuil. à café de purée de piments + 1 botte de cerfeuil + 1 gousse d'ail pelée
1 cuil. à soupe d'huile d'olive

❒ Lavez les tomates et coupez-les en dés. Lavez et râpez la courgette, puis ciselez finement les oignons.

❒ Mélangez la chair de crabe avec la sauce soja, le jus de citron et la purée de piments. Ajoutez les légumes. Réservez au frais.

❒ Faites griller les tranches de pain. Puis, à l'aide d'un pinceau, huilez-en les deux faces puis frottez-les avec la gousse d'ail.

❒ Couvrez généreusement les tranches de pain du mélange légumes/crabe et de cerfeuil haché, puis dégustez sans attendre.

Vous pouvez remplacer le crabe par du thon au naturel.

TARTINADE DE SARDINES

POUR 4 PERSONNES • PRÉPARATION : 5 MIN

100 g de sardines en boîte + 100 g de fromage frais (du type St Môret®)
30 g de beurre mou + 4 tiges de ciboulette hachées + 1 cuil. à soupe de moutarde
1 cuil. à soupe de jus citron + Huile d'olive

❒ Mixez les sardines avec le fromage frais assez finement.

❒ Ajoutez le beurre, la moutarde, le jus de citron et les trois quarts de la ciboulette et mixez de nouveau.

❒ Saupoudrez le reste de ciboulette sur la pâte et ajoutez quelques gouttes d'huile d'olive.

N'hésitez pas à réaliser la même tartinade avec des maquereaux en boîte bien égouttés !

RILLETTES DE SAUMON À L'ANETH

POUR 4-6 PERSONNES • PRÉPARATION : 15 MIN • RÉFRIGÉRATION : 2 H

250 g de saumon cuit et refroidi + 50 g de beurre + 15 cl de crème fraîche
Le jus de ½ citron + 1 cuil. à soupe d'aneth ciselé + 1 pincée de piment de Cayenne + Sel

- Laissez ramollir le beurre à température ambiante pour qu'il soit très souple. Débarrassez le saumon de toute la peau et des dernières arêtes. Éliminez les parties de chair brune.

- Effeuillez la chair au-dessus d'un bol. Incorporez progressivement le beurre et la crème, en travaillant l'ensemble avec une spatule en bois. Ajoutez le jus de citron, un peu d'aneth ciselé, de sel et de piment de Cayenne, à votre goût. Remuez à nouveau.

- Mettez dans une terrine ou des moules individuels et égalisez la surface. Recouvrez d'un film alimentaire et placez au moins 2 heures au frais pour que le beurre se raffermisse sans durcir. Sortez 15 minutes à température ambiante avant de servir.

RILLETTES DE MAQUEREAU FUMÉ À LA POMME VERTE

POUR 4-6 PERSONNES • PRÉPARATION : 30 MIN • RÉFRIGÉRATION : 1 H

10 cl de crème fraîche épaisse + 2 cuil. à soupe de yaourt nature
200 g de filets de maquereaux fumés au poivre noir + ½ pomme granny smith
Le jus de ½ citron + 2-3 brins d'aneth + Sel

❒ Retirez la peau et les parties brunes des filets de maquereaux.

❒ Épluchez la pomme, retirez le cœur et les pépins, puis râpez-la. Arrosez-la aussitôt du jus de citron pour éviter qu'elle ne brunisse.

❒ Retirez les tiges des brins d'aneth. Réservez quelques petites feuilles pour le décor et ciselez la valeur de 2 petites cuillerées à soupe.

❒ Émiettez la chair des filets de maquereaux dans un bol, en conservant les grains de poivre.

❒ Commencez à écraser à la fourchette, puis ajoutez la crème et le yaourt. Continuez à malaxer le mélange jusqu'à ce qu'il soit bien homogène et la texture assez fine.

❒ Ajoutez la pomme et l'aneth. Goûtez, salez légèrement si nécessaire et remuez à nouveau.

❒ Mettez dans une coupe ou une terrine ou répartissez dans des verrines.

❒ Décorez d'un peu d'aneth et placez au moins 1 heure au réfrigérateur. Servez très frais.

TARTINES NORDIQUES, HARENGS ET ŒUFS DE SAUMON

POUR 8 TARTINES • PRÉPARATION : 20 MIN • CUISSON : 20 MIN

MARINADE : 12 H

4 tranches de pain de seigle noir rugbrød + 150 g de fromage à tartiner (type Philadelphia®)
200 g de harengs fumés + 1 pot d'œufs de saumon + 5 petites pommes de terre Roseval
½ oignon rouge + 1 morceau de gingembre frais de 3 cm + 4 brins d'aneth
50 g de cornichons aigre-doux + 1 cuil. à café de sucre en poudre
8 gousses de cardamome verte + 8 cl d'huile d'olive + Gros sel, poivre

❒ Mélangez l'huile, le sucre, 1 cuillerée à soupe de gingembre pelé et haché, les graines de cardamome concassées, l'oignon épluché et finement émincé et les harengs coupés en tronçons biseautés de 2 cm. Poivrez, couvrez et laissez mariner 12 heures. Au bout de ce temps, coupez les cornichons en fines rondelles. Coupez chaque tranche de pain en deux dans la longueur pour obtenir de fins et longs rectangles.

❒ Faites cuire les pommes de terre à l'eau salée 20 minutes environ. Laissez totalement refroidir puis pelez-les et taillez-les en rondelles.

❒ Tartinez les 8 tranches de pain obtenues de Philadelphia®. Poivrez. Déposez deux à trois rondelles de cornichon puis une rondelle de pomme de terre à côté, et alternez ainsi les ingrédients. Placez un morceau de hareng sur les cornichons et décorez avec l'oignon rouge mariné et le gingembre. Placez des œufs de saumon sur les rondelles de pomme de terre et décorez de brins d'aneth. Dégustez aussitôt.

RILLETTES DE HADDOCK À LA PATATE DOUCE

POUR 6-8 PERSONNES • PRÉPARATION : 30 MIN • CUISSON : 15-20 MIN
RÉFRIGÉRATION : 2 H

50 cl de lait + 10 cl de crème fraîche + 70 g de beurre + 200 g de filet de haddock
150 g de patate douce + 2 petits oignons nouveaux + Sel, poivre

❒ Épluchez la patate douce et coupez-la en cubes.

❒ Parez les oignons. Hachez-les finement avec 2 ou 3 cm de la tige verte.

❒ Faites cuire la patate douce 10 à 15 minutes à l'eau bouillante légèrement salée, jusqu'à ce qu'elle soit très tendre. Égouttez-la et laissez refroidir.

❒ Mettez le filet de haddock dans une casserole, recouvrez-le du lait et chauffez doucement. Retirez du feu dès les premiers frémissements, en veillant à ne pas atteindre l'ébullition. Sortez-le à l'aide d'une écumoire et laissez-le refroidir sur du papier absorbant.

❒ Mettez les cubes de patate douce dans un grand bol, puis écrasez-les à la fourchette, en incorporant progressivement le beurre et la crème.

❒ Éliminez la peau et les dernières arêtes du haddock. Émiettez-le dans un second bol.

❒ Réunissez les deux préparations, ajoutez l'oignon haché, salez et poivrez, puis mélangez pour bien homogénéiser.

❒ Mettez en terrine ou dans des ramequins individuels, sans tasser, et placez au moins 2 heures au réfrigérateur avant de servir.

Pour une saveur automnale, remplacez la patate douce par du potimarron. Succès assuré !

TARTINE GRAVAD LAKS, CHOU ROUGE

POUR 1 TARTINE • PRÉPARATION : 10 MIN • REPOS : 30 MIN

1 tranche de pain de seigle aux graines + 1 tranche de gravad laks (saumon mariné)
1 cuil. à soupe de sauce à gravad laks + 4 lamelles de chou rouge + 4 lamelles d'oignon rouge
1 cuil. à soupe de vinaigre + 1 brin d'aneth + Sel

❐ Versez le vinaigre sur le chou et l'oignon rouge avec du sel. Laissez reposer 30 minutes.

❐ Tartinez la tranche de pain avec la sauce. Déposez la tranche de saumon, puis le chou et l'oignon égouttés. Terminez en disposant le brin d'aneth et dégustez aussitôt.

TARTINE À LA CREVETTE, CÉLERI RÉMOULADE ET RADIS

POUR 1 TARTINE • PRÉPARATION : 10 MIN

1 tranche de pain de seigle aux graines + 1 crevette décortiquée + 1 branche de céleri
1 radis + 1 cuil. à soupe de mayonnaise + 1 cuil. à café de crème de raifort
1 cornichon Malossol

❒ Coupez très finement le cornichon et la branche de céleri, puis mélangez-les avec la mayonnaise et la crème de raifort.

❒ Tartinez une tranche de pain de seigle de ce mélange, puis déposez-y la crevette et de fines rondelles de radis.

TARAMA ET BLINIS MAISON

POUR 6 PERSONNES • PRÉPARATION : 20 MIN • CUISSON : 15 MIN

Pour le tarama : 1 poche d'œufs de cabillaud + Le jus de 1 citron + 200 g de crème fraîche fleurette + 3 cuil. à soupe d'huile d'olive + Sel, poivre

Pour les blinis : 175 g de farine de blé noir + 175 g de farine de blé + 2 œufs + 50 cl de lait 10 g de levure de boulanger + Beurre fondu pour la poêle

❒ Préparez le tarama : plongez 2 minutes la poche d'œufs de cabillaud dans de l'eau bouillante. Ôtez la membrane qui entoure les œufs et déposez-les dans un petit saladier. Ajoutez l'huile, le jus de citron, salez et poivrez, mélangez de façon à obtenir un mélange lisse. Montez la crème fleurette en chantilly et incorporez-la délicatement aux œufs. Couvrez et conservez au frais jusqu'à la dégustation.

❒ Pour les blinis, écrasez la levure de boulanger et délayez-la avec 1 cuillerée à soupe de lait tiède. Dans un saladier, versez les farines, cassez les œufs, ajoutez le lait froid petit à petit, sans cesser de remuer, afin d'éviter la formation de grumeaux ; terminez avec la levure. La pâte doit ressembler à une pâte à crêpes épaisse.

❒ Beurrez une petite poêle à blinis, déposez un peu de pâte et faites cuire de chaque côté. Répétez l'opération jusqu'à épuisement de la pâte. Conservez les blinis et faites-les tiédir au four avant de les déguster.

❒ Servez les blinis et le tarama accompagnés de quartiers de citron.

FILETS DE ROUGET SUR FONDUE DE POIREAUX

POUR 12 TARTINES • PRÉPARATION : 30 MIN • MARINADE : 1 H
CUISSON : 20 MIN

800 g de filets de rouget assez épais + 12 tranches de pain de campagne
2 oranges amères + 10 petits poireaux jeunes + 1 cuil. à soupe de graines d'anis
15 cl d'huile d'olive + 1 cuil. à café de moutarde + Sel, poivre

❒ Rincez et épongez délicatement les filets de rouget et mettez-les dans un plat creux. Râpez le zeste d'une orange et pressez le jus des oranges. Mélangez le jus et le zeste. Pilez les graines d'anis. Parez les poireaux et émincez-les finement. Faites légèrement toaster les tranches de pain.

❒ Mélangez dans un bol 6 cl d'huile et la moitié du jus d'orange. Ajoutez l'anis, salez et poivrez. Versez le tout sur les filets de rouget, retournez-les pour les enrober et laissez mariner 1 heure au frais à couvert.

❒ Pendant ce temps, faites chauffer 2 cuillerées à soupe d'huile dans une poêle, ajoutez les poireaux et laissez-les fondre doucement en les remuant pendant une vingtaine de minutes. Salez et poivrez. Au terme de la marinade, faites chauffer une poêle. Mélangez dans un bol le reste de jus d'orange et la moutarde, puis ajoutez le reste d'huile d'olive en fouettant. Posez les filets de rouget dans la poêle sans les égoutter et faites-les cuire 5 minutes à feu moyen en les retournant à mi-cuisson.

❒ Répartissez la fondue de poireaux sur les tranches de pain. Déposez dessus les rougets et arrosez-les d'un filet de sauce. Servez aussitôt.

TARTARE DE SAINT-JACQUES, MIETTES DE CRABE ET POMME VERTE

POUR 4 TARTINES • PRÉPARATION : 20 MIN

12 noix de saint-jacques avec le corail + 200 g de chair de crabe + 1 pomme granny smith
1 carotte + Le jus de ½ citron + 4 cuil. à soupe de mayonnaise + 4 grandes tranches de pain de seigle + Quelques brins de ciboulette + Sel, poivre

❒ Rincez et épongez délicatement les noix de saint-jacques. Hachez-les au couteau sans les réduire en purée. Émiettez finement la chair de crabe en éliminant soigneusement toute brisure de cartilage. Mélangez ces deux ingrédients et mettez-les au frais.

❒ Pelez la pomme, évidez-la et râpez-la grossièrement. Pelez et râpez également la carotte. Mélangez les deux ingrédients, salez et poivrez légèrement. Incorporez le jus de citron.

❒ Versez la mayonnaise dans une jatte, ajoutez le mélange saint-jacques et crabe, puis le mélange pomme et carotte, et remuez jusqu'à consistance homogène.

❒ Étalez cette préparation sur les tranches de pain de seigle et décorez de brins de ciboulette.

RILLETTES DE MAQUEREAU AU CITRON CONFIT

POUR 4 PERSONNES • PRÉPARATION : 5 MIN

2 boîtes de filets de maquereaux au naturel + 2 cuil. à soupe de fromage frais léger (type St Môret® ou Philadelphia®) + 2 cuil. à soupe d'huile d'olive + ½ citron confit
Sel, poivre

- ❒ Égouttez les filets de maquereau.
- ❒ Coupez et épépinez le citron confit.
- ❒ Mettez tous les ingrédients dans le bol d'un robot mixeur. Mixez jusqu'à obtention d'une consistance lisse.

MINI-BLINIS À LA CRÈME DE SAUMON FUMÉ

POUR 8 MINI-BLINIS • PRÉPARATION : 5 MIN

8 mini-blinis + 100 g de saumon fumé grossièrement haché + 40 g de beurre coupé en cubes + 60 g de crème fraîche épaisse + 4 tranches de concombre coupées en deux ½ cuil. à café d'aneth haché + Le zeste de ¼ de citron vert + 1 citron vert coupé en quartiers

❒ Mixez le saumon assez finement. Ajoutez le beurre, la crème, l'aneth et mixez encore.

❒ Placez une demi-tranche de concombre sur chaque blini.

❒ Disposez la crème de saumon à la poche à douille ou à la cuillère.

❒ Finissez en parsemant le zeste de citron.

❒ Servez avec des quartiers de citron vert.

Ajoutez quelques œufs de saumon, ce sera encore meilleur !

RILLETTES DE DAURADE AU CITRON VERT ET COCO

POUR 6-8 PERSONNES • PRÉPARATION : 30 MIN • CUISSON : 4-5 MIN
RÉFRIGÉRATION : 2 H

300 g de filet de daurade (sans peau) + 1 citron vert + 1 oignon nouveau
4 cuil. à soupe de lait de coco + 1 cuil. à soupe de noix de coco râpée + Sel, poivre

❒ Prélevez le zeste du citron vert sans entamer la peau blanche, avec un zesteur ou en le frottant contre une râpe fine. Réservez-en une cuillerée à café pour le décor. Pressez le citron et conservez la moitié du jus.

❒ Parez le petit oignon. Hachez-le finement en laissant 2 ou 3 cm de tige.

❒ Rincez le poisson à l'eau fraîche. Posez-le dans le panier d'un cuit-vapeur, au-dessus de l'eau bouillante. Couvrez et faites cuire 4 à 5 minutes. Égouttez-le et laissez refroidir complètement.

❒ Émiettez la daurade dans un bol et arrosez-la du jus de citron et du lait de coco. Écrasez le mélange à la fourchette jusqu'à l'obtention d'une texture assez rustique.

❒ Salez et poivrez, ajoutez l'oignon haché, le zeste de citron et la noix de coco râpée, puis remuez à nouveau pour bien homogénéiser l'ensemble.

❒ Répartissez dans des verrines et décorez d'un zeste de citron vert.

❒ Mettez au réfrigérateur pendant au moins 2 heures et servez très frais.

Vous pouvez remplacer jusqu'à la moitié du lait de coco par la même quantité de crème fraîche épaisse et incorporer au dernier moment une tomate moyenne taillée en petits dés.

TARTINES AUX ANCHOIS, TARAMA ET PIGNONS

POUR 4 TARTINES • PRÉPARATION : 15 MIN • CUISSON : 4 MIN

4 tranches de pain au levain + 10 filets d'anchois à l'huile + 150 g de tarama
80 g de pignons de pin + Poivre

❐ Faites griller pendant 2 minutes les tranches de pain au grille-pain ou sous le gril du four.

❐ Égouttez les anchois. Écrasez de préférence au mortier (ou mixez) 2 filets d'anchois et mélangez-les au tarama.

❐ Faites revenir les pignons à sec dans une poêle bien chaude jusqu'à ce qu'ils prennent une jolie couleur ambrée (attention à ne pas les faire brûler).

❐ Tartinez les tranches de pain de tarama, déposez sur chacune 2 filets d'anchois égouttés et agrémentez de pignons de pin. Poivrez.

TARTINES AUX SARDINES, TAPENADE ET OLIVES VERTES

POUR 4 TARTINES • PRÉPARATION : 15 MIN • CUISSON : 2 MIN

4 bases de bagel + 8 filets de sardines à l'huile + 80 g de parmesan
4 cuil. à café de tapenade d'olives noires + 50 g d'olives vertes dénoyautées + Poivre

❒ Faites griller pendant 2 minutes les bases de bagel au grille-pain ou sous le gril du four.

❒ Égouttez les filets de sardines. Hachez les olives vertes. Détaillez le parmesan en lamelles à l'aide d'un couteau économe.

❒ Tartinez les bases de bagel de tapenade. Ajoutez les filets de sardines, recouvrez d'olives hachées et de parmesan. Poivrez.

TARTINE HADDOCK-POMME GRANNY

POUR 1 TARTINE • PRÉPARATION : 10 MIN • MARINADE : 10 MIN

1 tranche de pain de seigle aux graines + 1 tranche de haddock fumé cru
¼ de pomme granny smith avec peau + Le jus de 1 citron + 1 noix de beurre
1 brin de ciboulette ciselé + Poivre

❒ Recouvrez la tranche de haddock de citron et laissez mariner 10 minutes.

❒ Coupez très finement la pomme et arrosez-la de jus de citron.

❒ Beurrez la tranche de pain de seigle et déposez-y les tranches de pomme, puis recouvrez du haddock. Parsemez de ciboulette et de poivre.

SALADE D'HUÎTRES ET SAUMON FUMÉ

POUR 8 BLINIS • PRÉPARATION : 30 MIN • CUISSON : 10 MIN

8 grands blinis + 2 douzaines d'huîtres creuses assez charnues + 200 g de saumon fumé
Le jus de ½ citron + 4 cuil. à soupe de crème fraîche + 2 cuil. à soupe de menthe ciselée
½ concombre bien ferme + Quelques brins d'aneth frais + Sel, poivre

❒ Pelez et hachez finement le concombre. Mélangez-le dans une jatte avec la crème fraîche et la menthe. Salez et poivrez. La préparation doit être épaisse et assez compacte. (Vous pouvez aussi utiliser du tzatziki.)

❒ Ouvrez les huîtres, décoquillez-les en éliminant soigneusement le moindre fragment de coquille. Mettez-les dans une passoire pour qu'elles rendent leur eau. Hachez grossièrement le saumon fumé. Lorsque les huîtres ont dégorgé, coupez-les rapidement en petits morceaux et mélangez-les avec le saumon. Ajoutez un filet de jus de citron.

❒ Passez les blinis dans le four à chaleur douce pendant 10 minutes environ, juste pour attendrir la pâte. Sortez-les et laissez-les refroidir. Garnissez-les du mélange au concombre, puis étalez par-dessus la salade d'huîtres au saumon fumé. Poivrez et décorez de brins d'aneth.

TAPENADE

POUR 2 POTS DE 250 G • PRÉPARATION : 25 MIN

350 g d'olives noires + 2 gousses d'ail + 2 pincées de thym frais + 100 g de câpres
100 g d'anchois à l'huile + 100 g de miettes de thon + 10 cl d'huile d'olive + Poivre

❒ Pelez et hachez les gousses d'ail. Dénoyautez les olives et hachez-les grossièrement. Égouttez et épongez les anchois, coupez-les en petits morceaux. Égouttez les miettes de thon et les câpres. Réunissez ces ingrédients dans un mortier, ou à défaut dans un mixeur (en procédant en plusieurs fois), et réduisez-les en purée un peu grossière.

❒ Incorporez ensuite le thym, puis ajoutez l'huile d'olive en filet, tout en mélangeant toujours dans le même sens. Poivrez à votre goût, mais ne salez pas.

❒ Répartissez la préparation dans des pots. Fermez-les et conservez-les dans un endroit frais, mais servez toujours la tapenade à température ambiante.

TARTINES AUX CREVETTES, AVOCAT ET GRAINES GERMÉES

POUR 4 TARTINES • PRÉPARATION : 20 MIN • CUISSON : 2 MIN

MACÉRATION : 15 MIN

4 tranches de pain aux céréales + 12 crevettes cuites + 100 g de fromage frais + 1 avocat
100 g de graines germées (moutarde, cresson, radis) + 1 cuil. à soupe de coriandre ciselée
Le jus de 1 citron + 2 cuil. à soupe d'huile d'olive + Sel, poivre

❐ Faites griller pendant 2 minutes les tranches de pain au grille-pain ou sous le gril du four.

❐ Dans un bol, mélangez le fromage frais et la coriandre. Poivrez.

❐ Décortiquez les crevettes et faites-les macérer pendant 15 minutes dans le jus du citron.

❐ Épluchez l'avocat, coupez-le en 16 fines lamelles. Arrosez de quelques gouttes de jus de citron. Dans un bol, mélangez les graines germées avec l'huile d'olive, salez et poivrez.

❐ Tartinez les tranches de pain de fromage à la coriandre. Déposez sur chacune 4 lamelles d'avocat, ajoutez dessus 3 crevettes et terminez par des graines germées.

TARTINE SAUMON FUMÉ-AVOCAT

POUR 1 TARTINE • PRÉPARATION : 10 MIN

1 tranche de pain de seigle aux graines + 1 tranche de saumon fumé + ¼ d'avocat
1 cuil. à soupe de crème fraîche épaisse + 1 brin de ciboulette ciselé
1 tranche fine de citron + 1 cuil. à soupe de jus de citron + Sel, poivre

❒ Tartinez la tranche de pain de seigle avec la crème fraîche, salez, poivrez et parsemez de ciboulette.

❒ Coupez l'avocat et le saumon en trois tranches, versez le jus de citron sur l'avocat pour qu'il ne noircisse pas, puis déposez les tranches de saumon et d'avocat en quinconce sur le pain.

❒ Coupez un rayon dans la tranche de citron et déposez-le en le tordant sur le tout.

MINI-TARTINES À L'AVOCAT, POMME GRANNY ET HARENG

POUR 12 TARTINES • PRÉPARATION : 15 MIN

12 petites tranches de bon pain + 1 avocat mûr + ½ pomme granny smith
3 filets de hareng fumé doux + ¾ de citron + 1 cuil. à café de cumin en poudre + Sel, poivre

❒ Écrasez l'avocat à la fourchette. Pelez la pomme et coupez-la en tout petits dés. Incorporez-les à la purée d'avocat. Arrosez avec le jus d'un quart de citron. Ajoutez le cumin, salez, poivrez. Goûtez et rectifiez l'assaisonnement si besoin.

❒ Découpez les filets de hareng en lamelles et arrosez-les avec le jus du citron restant.

❒ Toastez les tranches de pain.

❒ Au moment de servir, étalez sur chaque tranche de pain la purée d'avocat-pomme et posez sur chaque tartine 2 à 3 lamelles de hareng.

Vous pouvez remplacer le hareng par de la sardine à l'huile d'olive ou du saumon fumé.

CROSTINIS DE SARDINES

POUR 4 CROSTINIS • PRÉPARATION : 30 MIN • RÉFRIGÉRATION : 1 H

8 belles sardines fraîches + 50 g de beurre doux ou demi-sel
4 grandes tranches de pain de campagne + 1 poignée de jeunes pousses d'épinard
Le jus de ½ citron + 1 cuil. à soupe de moutarde douce + Gros sel

❒ Faites vider et étêter les sardines par le poissonnier. Incisez-les tout le long de l'arête dorsale avec la pointe d'un petit couteau et tirez la peau pour l'enlever complètement. Rincez-les à l'eau fraîche, puis épongez-les.

❒ Rangez les sardines dans un plat creux en parsemant régulièrement un peu de gros sel. Réservez 1 heure au réfrigérateur.

❒ Essuyez soigneusement les sardines l'une après l'autre avec du papier absorbant pour enlever tout le sel. Ouvrez-les et retirez l'arête centrale.

❒ Faites légèrement griller les tranches de pain. Tartinez-les de beurre, puis d'une fine pellicule de moutarde douce et posez quelques feuilles d'épinard dessus. Déposez les filets de sardines sur les tartines. Arrosez-les de quelques gouttes de jus de citron juste avant de servir.

L'ANCHOÏADE

POUR 4 PERSONNES • PRÉPARATION : 15 MIN

200 g d'anchois au sel (sans arêtes) + 10 olives noires dénoyautées + 2 gousses d'ail
1 cuil. à café de câpres + 1 branche de thym + 5 cuil. à soupe d'huile d'olive

❒ Retirez les anchois de leur saumure et essuyez-les avec du papier absorbant

❒ Pelez les gousses d'ail, coupez-les en deux, ôtez le germe, effeuillez la branche de thym, et mettez-les dans un bol du mixeur avec les anchois, les câpres et les olives.

❒ Mixez une première fois par à-coups. Versez l'huile d'olive et mixez à nouveau jusqu'à l'obtention d'une pâte lisse et uniforme.

Pour rendre l'anchoïade plus douce et plus onctueuse, plongez les gousses d'ail 3 minutes dans de l'eau bouillante avant de les mixer avec les autres ingrédients et remplacez l'huile d'olive par 4 cuillerées à soupe de mayonnaise légèrement citronnée.

RILLETTES AUX DEUX SAUMONS ET À LA CIBOULETTE

POUR 6-8 PERSONNES • PRÉPARATION : 30 MIN • CUISSON : 6 MIN
RÉFRIGÉRATION : 2 H

150 g de fromage blanc + 300 g de filet de saumon frais (sans arêtes)
150 g de saumon fumé + 1 citron (pour servir) + 1 cuil. à soupe de ciboulette ciselée
1 échalote + 1 tablette de concentré de court-bouilon + Sel, poivre

❒ Épluchez et hachez finement l'échalote pour en conserver une cuillerée à café.

❒ Préparez 50 cl de court-bouillon avec une tablette de concentré.

❒ Taillez le saumon fumé en tout petits dés avec un couteau tranchant. Réservez au frais.

❒ Rincez le saumon frais. Égouttez-le et mettez-le dans une casserole. Recouvrez-le de court-bouillon, amenez à frémissements à feu doux et faites cuire 6 minutes.

❒ Égouttez le poisson et mettez-le à refroidir sur du papier absorbant, en le couvrant avec un film alimentaire.

❒ Retirez la peau du saumon refroidi et, s'il en reste, les dernières arêtes. Effeuillez la chair au-dessus d'un bol.

❒ Ajoutez le saumon fumé et le fromage blanc. Travaillez le mélange à la fourchette, jusqu'à ce qu'il soit bien homogène. Salez et poivrez, ajoutez la ciboulette et l'échalote, puis mélangez à nouveau.

❒ Mettez dans une terrine en porcelaine. Égalisez la surface et placez au moins 2 heures au réfrigérateur.

❒ Décorez de brins de ciboulette au moment de servir et accompagnez de quartiers de citron.

DÉLICE DE HADDOCK

POUR 4 PERSONNES • PRÉPARATION : 10 MIN • RÉFRIGÉRATION : 30 MIN

40 g de filets de haddock + 1 lamelle pour la décoration + 12 portions de Vache qui rit®
2 citrons + 2 cuil. à soupe de lait

❒ Retirez la peau du haddock et les éventuelles arêtes.

❒ Mixez le haddock avec la Vache qui rit®, jusqu'à ce que vous obteniez une crème lisse. Ajoutez ensuite le jus des citrons et le lait tout en continuant de mixer. Il est inutile de saler.

❒ Réservez le tout au moins 30 minutes au frais.

❒ Pour servir, mélangez le dip, puis versez-le dans une coupelle et décorez-le avec la lamelle de haddock.

Le pain grillé, qui rehausse la sublime saveur océane de ce dip, des petits blinis passés quelques minutes au grille-pain, ou encore des crackers, permettront de réaliser de délicieuses tartines.

RILLETTES DE THON

POUR 4-6 PERSONNES • PRÉPARATION : 5 MIN

100 g de thon à l'huile d'olive égoutté + 150 g de fromage à tartiner (type Philadelphia®)
2 cuil. à café de jus de citron + 1 cuil. à café d'huile d'olive + 10 brins de ciboulette ciselés
Sel, poivre

❒ Écrasez le thon à l'aide d'une fourchette, ajoutez le fromage, le citron, l'huile, le sel et le poivre.

❒ Mélangez jusqu'à obtenir une pâte homogène. Parsemez de ciboulette.

Prenez du thon au citron, à la tomate… et testez d'autres saveurs !

TARTINES AU FROMAGE FRAIS ET SAUMON MI-CUIT

POUR 4 TARTINES • PRÉPARATION : 15 MIN • CUISSON : 2 MIN
RÉFRIGÉRATION : 30 MIN

4 bases de bagel + 3 petits pavés de saumon frais de 80 g chacun
100 g de fromage frais à tartiner de type St Môret® + 10 brins de ciboulette
4 cuil. à soupe d'huile d'olive +2 cuil. à soupe de jus de citron + Poivre

❐ Détaillez les pavés de saumon en petits dés. Mettez-les dans une assiette creuse et versez dessus l'huile d'olive et le jus de citron. Poivrez et mélangez. Laissez mariner pendant 30 minutes au réfrigérateur.

❐ Faites griller pendant 2 minutes les bases de bagel au grille-pain ou sous le gril du four.

❐ Hachez les brins de ciboulette et mélangez-les au fromage. Tartinez le pain de fromage. Recouvrez de dés de saumon, poivrez et servez.

TARTINES AU GUACAMOLE, CITRON CONFIT ET THON FRAIS

POUR 4 TARTINES • PRÉPARATION : 20 MIN • CUISSON : 2 MIN
MACÉRATION : 30 MIN

4 tranches de pain au levain + 150 g de thon frais + 1 avocat bien mûr + 12 tomates cerises
10 branches de coriandre + Le jus de 1 citron + ¼ de citron confit
4 cuil. à soupe d'huile d'olive + Poivre

❒ Faites griller les tranches de pain au grille-pain ou sous le gril du four.

❒ Détaillez le citron confit en petits cubes. Coupez le thon en fines lamelles. Mettez-les dans un plat avec les dés de citron confit, ajoutez l'huile d'olive et le jus de citron et laissez macérer pendant 30 minutes au réfrigérateur.

❒ Pendant ce temps, passez les tomates cerises sous l'eau et coupez-les en petits dés. Épluchez l'avocat et écrasez-le à la fourchette, mélangez-le aux tomates. Arrosez de 1 cuillerée à soupe de jus de citron et mélangez.

❒ À l'aide d'une paire de ciseaux, ciselez finement la coriandre.

❒ Tartinez les tranches de pain de guacamole à la tomate, ajoutez le thon au citron et parsemez de coriandre ciselée. Poivrez et servez frais.

TARTINES DE COTTAGE CHEESE AU SAUMON FUMÉ

POUR 8 TARTINES • PRÉPARATION : 10 MIN • CUISSON : 5 MIN

5 tranches de saumon fumé (150 g) + 200 g de cottage cheese
1 cuil. à café de jus de citron + 8 tranches de pain au levain et aux céréales « multigraines »
6 brins d'aneth frais + Sel, poivre blanc

❐ Ciselez les brins d'aneth. Mixez 1 tranche de saumon avec le cottage cheese, le jus de citron, du sel, du poivre et une cuillerée à soupe d'aneth ciselé. Coupez les autres tranches de saumon en lanières.

❐ Faites griller les tranches de pain et tartinez-les du mélange au cottage cheese. Recouvrez de lanières de saumon en diagonale et parsemez du reste d'aneth ciselé.

INDEX

AUTEURS DES RECETTES :

Yanis Efstathiadis : 4 ; Véronique Cauvin : 6 ; Vijay Acharya : 8, 54 ; Laura Annaert : 9, 27 ; Dorian Nieto : 10, 34, 42, 46, 48, 64, 66, 68, 70, 72, 95, 98, 119, 144, 161, 183 ; Stéphanie Jouan : 12, 26, 65, 79, 100, 133, 160, 175 ; Sylvie Girard-Lagorce : 14, 16, 18, 52, 62, 110, 116, 124, 127, 130, 134, 139, 156, 158, 168, 170 ; David Batty : 15, 30, 113, 118, 122, 132, 138, 164, 166, 172, 184, 186 ; Émilie Laraison : 20, 43, 58, 91, 102 ; Birgit Dahl : 21, 59, 152, 153, 167, 174 ; Cécile Espinasse : 22, 35, 88 ; Véronique Liégeois : 24, 44, 96 ; Stéphanie Bulteau : 28, 56, 74, 94, 148, 182 ; Chef Damien / Chef Christophe : 32, 76, 86 ; Elisabeth Guedes : 89 ; Solveig Darrigo-Dartinet : 36, 50, 90, 106, 188 ; Véronique Cauvin : 38, 108, 136, 154 ; Céline Mennetrier : 40 ; Martine Lizambard : 60, 107, 112, 114, 120, 126, 128, 145, 146, 150, 162, 176, 180 ; Alice Greetham : 73, 78, 80, 82 ; Sandrine Bidoux : 84 ; Delphine Malachard : 85 ; Ingrid Bernard : 92 ; Céline de Cérou : 101 ; Judith Samama-Patte : 104 ; Liguori Lecomte : 140 ; Nathalie Nguyen : 142 ; François-Régis Gaudry : 178.

PHOTOGRAPHIES & STYLISME :

Valéry Guedes / Natacha Arnoult : 5, 8, 53, 55, 107 ; Pierre Chivoret / Alexia Janny : 7, 14, 39, 109, 127, 137, 171 ; Claire Curt / Pauline Ricard-André : 9, 27 ; Dorian Nieto : 11, 34, 42, 47, 49, 64, 67, 69, 71, 72, 95, 99, 119, 144, 161, 183 ; Stéphanie Jouan : 13, 26, 65, 79, 100, 133, 160, 175 ; Éric Fenot / Delphine Brunet : 15, 31, 50, 51, 90, 106, 113, 118, 123, 132, 138, 155, 165, 166, 173, 185, 187, 189 ; Pierre-Louis Viel / Catherine Nicolas : 17, 63, 125, 135, 159, 169 ; Jean Bono / Manuella Chantepie : 19 ; Émilie Laraison : 20, 43, 58, 91, 97, 103 ; Anne Bergeron / Manuella Chantepie : 21, 59, 152, 153, 167, 174 ; Amandine Honegger / Sylvie Rost : 23, 25, 35, 45, 84, 105 ; Bernard Radvaner / Anne-Sophie Lhomme : 29, 57, 75, 94, 182 ; Charlotte Lascève / Bérengère Abraham : 33, 77, 87 ; Bernard Radvaner / Motoko Okuno : 37, 61, 112, 143, 177 ; Valéry Guedes : 41, 89 ; Julie Bienvenot : 73, 78, 81, 83 ; Céline de Cérou : 85, 101 ; Ingrid Bernard : 93 ; Martin Balme / Lucie Dauchy : 111, 117, 131, 139, 157 ; Amélie Roche / Alexia Janny : 115 ; Guillaume Czerw / Sophie Dupuis-Gaulier : 121, 129, 147, 151, 162, 181 ; Bernard Radvaner : 126, 145 ; Anne Bergeron / Vincent Amiel : 141 ; Amélie Roche / Sandra Schumann : 149 ; Jean-Charles Vaillant / Bérengère Abraham : 179.

Directeur éditorial : **Didier Férat**

Édition : **Claire Chevanche**

Graphisme & conception : **Julia Philipps**

Mise en page et photogravure : **Nord Compo**

Fabrication : **Laurence Duboscq**

92 avenue de France, 75013 Paris

ISBN : 978-2-263-16984-7

Code éditeur : L16984

Dépôt légal : janvier 2020

Imprimé en Espagne par Macrolibros